U0899500

# 一人一技一生

三秦非遗守艺人

# 艺术篇

戏凝百态
曲由心生

华 洁——主编

陕西新华出版传媒集团
陕西人民教育出版社
·西 安·

# 序

## 讲好陕西非遗故事

中华传统文化源远流长，作为中华文明绵延传承的生动见证，非物质文化遗产以其丰富多彩的表现形式体现了中华民族非凡的智慧和伟大的创造力，联结和维系着各族人民世代相承的精神情感。以民间文学、民间音乐、民间舞蹈、传统戏剧、曲艺、竞技、民间美术、传统手工技艺、传统医药、民俗活动等文化表现形式传承的非物质文化遗产，不但是我们国家和民族的骄傲，而且是全人类的共同财富。

如今的中国正处于一个日新月异的时代，科技在不断进步与发展，诞生于农耕社会的非物质文化遗产所依存的自然生态和人文环境在不停地发生着变化。在现代化的滚滚浪潮面前，非物质文化遗产依然体现着重要的价值与地位。

陕西，是中华民族及华夏文明的重要发祥地之一。悠久的历史、深厚的文化底蕴和独特的地理位置，孕育出了丰富多彩、特色鲜明的民间文化，使陕西成为全国非物质文化遗产的重要代表地域。

陕西的非遗保护工作已经走过了十几个年头，十几年的工作经验告诉我们，非遗存续的根本主体是传承人，保护非遗首先要对传承人的技艺与记忆进行真实记录，这项工作对保护、传承非遗具有极其重要的作用。

高尔基曾说：“一个民间艺人的逝世，相当于一座小型博物馆的毁灭。”随着传承人年事渐高，许多非遗项目正面临“人在艺在，人亡艺绝”的危机。

一个民族的复兴需要强大的物质力量，也需要强大的精神力量。非物质文化遗产是祖先留给我们的宝贵财富，是中华民族代代相传的情感记忆和特有的行为方式，保护非物质文化遗产就是保护中华民族的根与魂。

2021 年国庆节前夕，当《一人，一技，一生：三秦非遗守艺人》丛书的样书摆在我面前时，我被深深地打动了。这套书由陕西聚力传承文化创意传播有限公司董事长华洁主编，陕西人民教育出版社出版，设计精美、图文并茂，我为又一套讲述陕西非遗故事图书的即将问世感到欣慰，更对华洁宣传陕西非遗、讲述陕西非遗故事的行为发自内心地赞赏。

认识华洁已有两年多时间。第一次应邀去她的公司，观赏由她带领的团队刚拍摄制作完成的秦腔传承人李爱琴、西安鼓乐传承人何忠信、凤翔木版年画传承人邰立平等的微纪录片，听她讲，要拍摄 100 集，以视频的方式让陕西非遗走向海内外，我就感到这是一个想为陕西文化传播做事的人，她带领的团队也是一个有实力的、专业的团队。

我在文化部门工作多年，曾参与过非物质文化遗产立法、保护和传承的相关工作，这份难以割舍的情怀也让我开始关注华洁和她领导的团队所做的事情。

在与华洁的接触中，我感到她对非遗有着强烈的情感和责任心。她从经济效益好的广告传媒行业转行进入公益性强，需投入大量精力、人力的非遗保护领域，这对一位民营企业家来说是需要勇气的。然而，陕西丰厚的非遗资源吸引着她，陕西众多非遗传承人的生存状况更是让她常常牵挂，于是她毅然从北京回到西安，重新创业，同时担任了陕西省旅游协会非物质文化遗产分会会长，以满腔热情和强烈的责任感为陕西非遗的保护与传播四处奔走。

《一人，一技，一生：三秦非遗守艺人》丛书可以说是华洁和她的团队在保护、宣传陕西非遗方面取得的又一成果，也是陕西非遗保护工作的新收获。这套书内容丰富，形式新颖，不仅图文并茂，而且配有影像视频；不仅文字优美，而且有传承人的口述内容，真实可感。这套书可以让我们走近陕西非遗传承人，了解他们精湛的技艺，领略他们精彩的故事，激发我们保护好中华民族精神家园的决心。

希望《一人，一技，一生：三秦非遗守艺人》丛书的出版，能够唤起人们对非物质文化遗产保护的意识，让更多的人加入到非遗保护的队伍中来，把中国优秀文化遗产传承下去，不辜负时代使命，不愧对祖先和子孙后代。

蒋惠莉

2021 年 10 月 6 日于西安

（作者为文化和旅游部公共服务专家委员会委员，陕西省作家协会原党组书记、常务副主席，曾任陕西省政府参事、陕西省文化厅副厅长等职）

# 目录

以初心·致匠心

壹

# 西安鼓乐·何忠信

## 呕心沥血，奏响千年古韵

要当好鼓乐社社长，酸甜苦辣都要尝，都要承受，承受不了就当不了社长，我能够承受下来主要是因为对鼓乐的喜爱。我要对得住老一辈人，在有生之年把西安鼓乐传承好，这是我的心愿。我坚信：村庄在，人就在；人在，乐社就在；乐社在，鼓乐就在。

——何忠信

扫描二维码

欣赏传承人微纪录片

何家营鼓乐社表演鼓乐（1979 年拍摄）



## 项目背景

**西安鼓乐——何家营鼓乐**

西安鼓乐源自唐代宫廷燕乐，是流传于西安（古长安）及周边地区的大型吹打音乐，被誉为“中国古代音乐的活化石”“中国古代的交响乐”。一千多年来，西安鼓乐伴随历史的兴衰，饱经沧桑，依靠一代代艺人的口传心授，才得以流传至今。

西安鼓乐分为僧、道、俗三个流派。俗派中非常重要的一支要数何家营鼓乐，其演奏形式是以笛为首、群笙协奏，是锣鼓乐与吹奏乐有机结合的大型合奏乐。何家营村地处古长安城至秦岭终南山南北中轴线的中点，从古至今，这里都是咽喉要道，地理环境得天独厚，人才辈出。何姓为本村的第一大姓，相传何姓村民中就有唐代大将军何昌期的后代。何昌期在平定安禄山叛乱中功勋卓著，被封为“千牛卫上将军”。他曾在现在潏河南岸的何家营村安营扎寨，时称“何将军营”，后谐音“何家营”。他喜爱音律，退居山林后，召集因安史之乱而流落民间的宫廷乐师，组织他们演奏宫廷燕乐。久而久之，唐代宫廷燕乐这一珍贵的文化遗产就在“何将军营”得以世代传承，从宫廷王公贵族宴饮的殿堂流向民间繁华的市集，历经千年，至今宛若新生，形成了独具特色的“何家营鼓乐”，成为后人瞻仰大唐遗风的重要载体。同时，何家营鼓乐也是我国民族音乐宝库中一份极其重要的遗产，对研究中国古代的历史、文化、宗教及音乐史等都有着重要的价值。民族音乐先驱李焕之先生曾为何家营鼓乐社题词“隋唐遗音，历久不衰，长安鼓乐，青春常在”。

1985 年，何家营村建起了全国第一家民间鼓乐陈列馆，为宣传鼓乐文化、展示中国古代音乐提供了很好的平台。

2006 年，经中华人民共和国国务院批准，西安鼓乐被列入第一批国家级非物质文化遗产名录。2009 年，西安鼓乐被联合国教科文组织列入《人类非物质文化遗产代表作名录》。

2009 年，何忠信入选为第三批国家级非物质文化遗产项目西安鼓乐代表性传承人。

## 艺术人生

### 名师点化，茁壮成长

1953 年，何忠信出生于陕西省西安市长安县（今长安区）何家营村，家里有兄弟姐妹六人，他是最小的孩子。何忠信成长的年代物质资源极为匮乏，他生活中唯一有趣的事情就是去村里的鼓乐社听鼓乐。小时候的何忠信天天守在鼓乐社门口，长期的耳濡目染让他渐渐喜欢上了鼓乐，学习鼓乐的念头在他幼小的心灵里逐渐生根发芽，父母的支持也让他有信心在鼓乐的天地里一展拳脚。

1968 年，年仅 15 岁的何忠信白天和大人一起干繁重的农活儿，晚上则赶去鼓乐社学习。由于他刚进鼓乐社时年纪尚小，还没有自己的乐器，所以只能站在老艺人身旁灌耳音。

何忠信：我学鼓乐先是旁听，因为没有人专门给我教，我就经常来鼓乐社灌耳音，帮帮忙，跑跑腿，我学习鼓乐初期就是这样。

经过长时间的跑腿打杂，勤奋好学的何忠信逐渐被老艺人们接纳，老艺人们开始给他传授韵曲。

何生哲、何生碧是著名的鼓乐艺人，在鼓乐界有着响当当的名号。何忠信有幸成为他们的徒弟，在学习鼓乐时也站上了更高的起点。何忠信找到感觉后学得越来越快，逐渐会韵几首曲子后，他也有了自己的乐器，开始如饥似渴地跟着师父们学习。

何忠信：鼓乐的传承方式是口传心授，除此之外还要具备三个要素，分别是古老的乐器、古老的演奏形式、古老的曲目。

师父们的口传心授让何忠信一步步接触到了鼓乐的精髓。儿时的熏陶，师父们的教诲，使得鼓乐艺术在何忠信心中扎下了根。

1979 年，26 岁的何忠信与张玲结婚，新婚的甜蜜并没有让何忠信放弃每晚的鼓乐排练，张玲为此没少和他发生争执。

何家营鼓乐社的老艺人（第一排左起何永翻、何生哲、何生碧）

张玲至今还对当年的事耿耿于怀——何忠信将大量的时间投入到鼓乐社，无暇顾及家里的农活儿及自己的感受，甚至当三个子女陆续出生后，他依然沉迷于鼓乐，很长一段时间都是自己一人在照顾老人及孩子。

后来张玲慢慢理解了丈夫对鼓乐的执着，开始支持他的事业，还主动承担了鼓乐社的很多琐事，为他减轻负担，让他能够全身心地投入到鼓乐当中。

**身负重任，鼎力担当**

1985 年对于何忠信和何家营鼓乐来说，是意义重大的一年。这一年，何家营村建起了全国第一家民间自办的鼓乐陈列馆，陈列鼓乐谱百余册、鼓乐器几十种，展出了丰富的鼓乐资料。陈列馆的建立，对西安鼓乐的保护具有重要的现实意义，使何家营村成为西安鼓乐传习、交流、研究的重要基地，吸引了来自世界各地的 200 余位专家、学者的访问，为研究、宣传西安鼓乐做出了积极的贡献。

长安鼓乐陈列馆开馆纪念合影

何家营鼓乐社常在陈列馆前排练



越来越多的人感受到了西安鼓乐的魅力，何忠信和队员们的演出场次也日益增多并广受好评。1989 年，36 岁的何忠信已经在鼓乐社深耕了 20 多年，熟练掌握了各项技艺，得到了老艺人们的赞赏，被大家一致推举为何家营鼓乐社新一任社长。

何忠信：何家营鼓乐社是一个农村乐社，从祖辈传到现在，实属不易，既然领导信任、老前辈认可，我就要当好新一任的社长，把何家营鼓乐继续传承下去。

何家营鼓乐自唐代以来，固守着“传男不传女”的祖训。20 世纪 90 年代后，随着经济的迅速发展，进城务工成为农村人新的增收方式。何家营村越来越多的男劳力开始外出打工，坚守在鼓乐社的仅剩何忠信一人，根本无法维持日常的排练以及演出。因此，何忠信决定打破“传男不传女”的祖训，力排众议，开始在村里招收女学员。从不被理解时的谩骂到慢慢被肯定，何忠信花了几年时间，终于，村子里又有了鼓乐声，鼓乐社又重新组建了起来。面对苦难，何忠信不负众望，苦苦支撑着这一传承古老音韵的鼓乐社。

何忠信：我招收女学员的时候，受到了一定的阻力。当初我写了两份告示，在村里一贴，没有一个人来报名。西安鼓乐传承了千年，一直传男

何家营鼓乐社日常排练场景

不传女，个别女的想来学，家里人却不同意。我不断地游说，渐渐有女学员前来学习，经过三年每晚两个小时的不断训练，最后有18名女学员坚持了下来。

经过何忠信不懈地努力与坚持，何家营鼓乐社渐渐有了起色，不断参加国内外的演出，并且获得了许多荣誉。2006年5月，西安鼓乐被列入第一批国家级非物质文化遗产名录，随着国家的大力支持，何忠信在传承鼓乐的道路上越走越顺。因为他的坚守，也因为他在保护和传承何家营鼓乐方面做出的重要贡献，2008年，他被评为“西安市十佳民间艺人”。

**忠于鼓乐，信守传承**

几十年来，何忠信一直坚守在鼓乐社，有心酸也有幸福，虽然历尽坎坷，但是他无怨无悔。他不断收集、整理古老的乐谱，不仅专注于何家营鼓乐的传授工作，还尽心竭力地管理和维护着鼓乐陈列馆，由他编排、导演的坐乐套曲《群英宴》享誉海内外。

2005年12月，何家营鼓乐社应邀赴约旦首都安曼参加世界文化论坛联盟大会，向来自80多个国家的数千名文化学者展示了中华民族古老音乐的无穷魅力，震撼了全场。

2011年2月，何家营鼓乐社代表陕西省赴澳大利亚参加首届“中国日”

2005 年，何家营鼓乐社在约旦首都安曼演出，外国友人学习吹笙

2011 年，何家营鼓乐社在澳大利亚演出

暨澳大利亚“中国文化年”活动，先后在中国大使馆、悉尼大学音乐厅演出，时任澳大利亚总理的朱莉娅·吉拉德发来贺信说：“如此古老美妙的音乐理应受到联合国教科文组织的保护。”

何家营鼓乐能从唐代流传至今，有赖于何家营人世世代代对鼓乐的热爱，以及老艺人们对传承鼓乐的责任心。

何忠信：鼓乐的传承，全靠师父带徒弟，口传心授，我们至今仍使用着古代的工尺谱，没有师父指点，普通人根本看不懂。

自担任何家营鼓乐社社长以来，何忠信不遗余力地将演奏技巧传授给更多的人，他先后培养了 4 批共 112 名鼓乐传承人，并在何家营小学开设鼓乐课堂，将鼓乐的传承从鼓乐社延伸到课堂中。

随着时代的发展，昔日辉煌的大唐古韵在经济高速发展的今天一度成为陈旧的代名词，但鼓乐已经融入何忠信的血液当中，无论经历何种风雨，他都会带着老艺人们的夙愿，将鼓乐传承下去。



## 技艺展示

西安鼓乐是打击乐和吹奏乐混合演奏的大型乐种，内容丰富、乐队庞大、曲目众多、曲谱结构复杂，是中国古代音乐乃至世界民间音乐发展史中的奇迹。僧、道、俗三个流派风格各异，僧派悠扬敞亮，道派平和娴雅，俗派热烈浓郁。但无论哪一个流派，都分为“坐乐”和“行乐”两种演奏形式。

坐乐是室内音乐，吹奏乐器达十几种，如笛、笙、管等；打击乐器更多，如坐鼓、战鼓、乐鼓、独鼓、大镲、大铙、小铙、大钹、小钹、大锣、马锣、引锣、铰子、大梆子、手梆子等，有时还加上云锣。演奏者多达几十人，演奏时产生震撼人心、摇荡山岳的宏大音响。

行乐是在行进中演奏，伴以彩旗、令旗、社旗、万民伞、高照斗子等，乐器有高把鼓、单面鼓等，高把鼓的风格温雅庄重，单面鼓的风格活泼悠扬。行乐有时还有歌词，内容多与祈雨有关。

何家营鼓乐大气、雄浑、高雅，既有宫廷音乐的典雅清幽，又有民间音乐的古朴浑厚，曲调肃穆，时而婉转低回，时而荡气回肠，曲鼓并作，抑扬顿挫，鼓铙相映，大气磅礴，心神俱念。

何家营鼓乐欣赏



## 技艺教学

**《园林好》教学**

工尺谱是中国民间传统记谱法之一，因常用“工”“尺”二字记谱而得名。工尺谱在民间流传甚广，直到今天，许多老艺人还是习惯用工尺谱来演唱或记谱。在研究、整理民族音乐遗产，向民间音乐学习方面，它仍有着重要的意义。

《园林好》在众多西安鼓乐的套曲中是最简单的一首，全曲只有五个字（相当于五个音符）。因为工尺谱没有标注音高和时值，所以西安鼓乐的传承全靠口传心授。

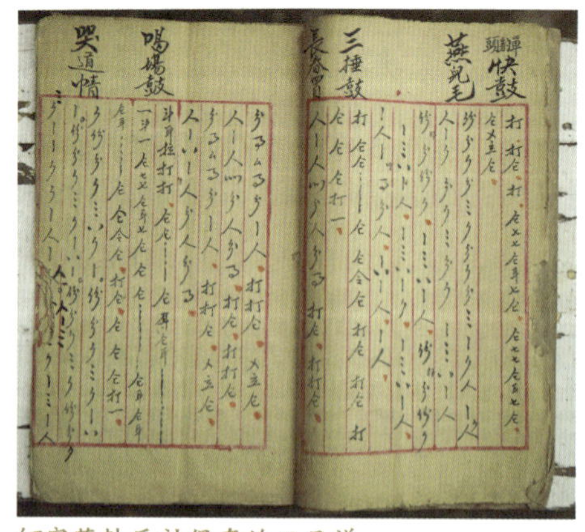

何家营鼓乐社保存的工尺谱

《园林好》教学

贰

# 西安鼓乐·顾景昭

## 醉心鼓乐，传承千古遗音

我即便不是国家级传承人，也一定要把鼓乐社管理好，在有生之年把西安鼓乐传承下去，因为我背不起“千古罪人”这个名声，我不希望后人提到西安鼓乐时，说是在我的手里中断了。

——顾景昭

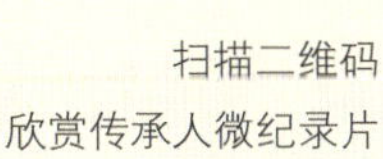

经历了岁月洗练的乐鼓

## 项目背景

**西安鼓乐——集贤鼓乐**

西安鼓乐又称长安鼓乐，是千百年来流传于西安（古长安）及周边地区的民间鼓乐，起源于隋唐，历经宋、元、明、清，至今仍然保留着相当完整的曲目、谱式结构、乐器及演奏形式，是中国古代传统音乐的重要遗存。

西安鼓乐如今仅有不到十个民间鼓乐社，陕西省西安市周至县集贤东村鼓乐社就是其中之一。根据史料记载，集贤鼓乐的起源实属隋唐皇家宫廷燕乐，集贤鼓乐也是西安鼓乐的重要组成部分，属于“俗派”。据传，安史之乱爆发后，宫廷庞大的乐队为躲避战乱，逃至集贤，避难三年有余，乐师们为了回报当地百姓的收留之恩，将宫廷音乐技艺传授给了当地百姓，鼓乐从此在这里世代相传。

2011 年 1 月 14 日，西安鼓乐传习基地在陕西省周至县艺术技术学校挂牌成立，这里集资料展示与鼓乐演奏、教学于一体，能让更多人了解西安鼓乐的历史，同时培养出更多、更优秀的鼓乐接班人。

2008 年，顾景昭入选为第二批国家级非物质文化遗产项目西安鼓乐代表性传承人。

## 艺术人生

### 集贤村是个文化底蕴深厚的地方

陕西的周至县北濒渭水，南依秦岭，历史久远，文化氛围浓厚，其境内的终南、楼观、司竹、四府营、南千户和集贤等地，光从字面上就能看出几分历史的遗存。

集贤村原名南集贤村，老人们说以前叫“男妻贤”，意思是“男贤女也贤”。

顾景昭觉得集贤村就是一个文化的海洋，因为在他小的时候，村里有八个文艺团体：两个鼓乐社，两个曲子会，两个道情会，一台大戏，一台木偶戏。

顾景昭：可以说，我是在非常浓厚的文化氛围中长大的，从小就看老师傅们演奏鼓乐、念曲子、唱道情，我觉得鼓声能把笙、管、笛都带动起来，非常神奇。小时候我就想着如果长大了，我也要打鼓。

一千多年来，集贤鼓乐所有的传承者都是农民。他们农忙拿锄头，农闲拿乐器，一代一代地把鼓乐传承了下来。过去在集贤村中间有一条小河，以河为界，有两家鼓乐社，一个叫集贤东村鼓乐社，另一个叫集贤西村鼓乐社，东村鼓乐称“香会”，西村鼓乐称“水会”。西村鼓乐社和东村鼓乐社同出一脉，二者的分离源自一个古老的“斗乐”传统。怎么把鼓乐这门技艺传承下去？祖先们想了一个办法，把乐队一分为二，每年正月比赛，利用双方的好胜心激励他们不断学习。每年到了“斗乐”的时候，两个乐队分坐小河两边，轮流吹奏乐曲，有时候能从夜晚“斗”到清晨。

顾景昭：两个乐队每年都要隔岸“斗乐”，接龙比赛中，不能表演重复的曲目，谁家接不上，谁家就输了。输家在观众的嘘声中退场，回去苦练一年，等待来年再“斗”。

1953 年，时任中国艺术研究院音乐研究所所长的杨荫浏和西安鼓乐研究专家李石根专程来到集贤村挖掘和整理西安鼓乐资料，呼吁人们对鼓乐进行抢救和保护。当他们看到鼓师乐人都年过花甲时，焦急地给村里的负责人建议：鼓乐社要尽快吸收新鲜血液，培养年轻一代的传承人，不能让民间鼓乐失传。

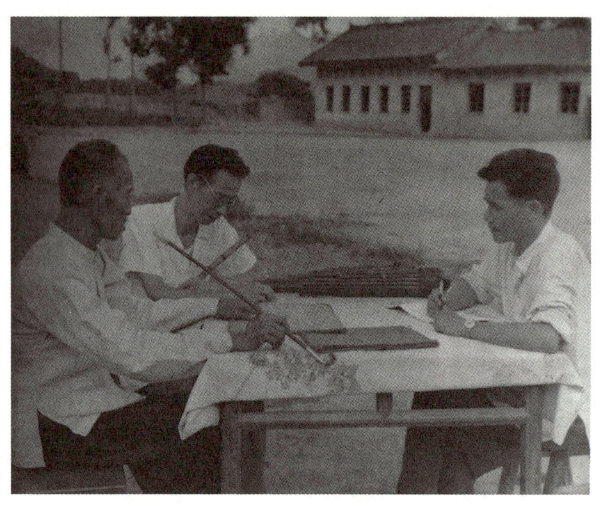

李石根（中间）搜集鼓乐资料

**拎上了鼓槌便是一辈子的事**

1962年春节，集贤村召开了会议，号召年轻人学习鼓乐，企盼已久的顾景昭急不可待地去报了名，并坚定地提出要学打鼓。负责报名的师傅对他说："'年管月笛当日笙，学会打鼓得三冬'，打鼓难着呢，你可得想好。"顾景昭表示，再难也要学打鼓，非学好不可。第二天，听说顾景昭要学打鼓，村里就有人说起了风凉话："他也敢学打鼓？他要能把鼓学成，我就……"顾景昭没有为自己的选择后悔过，别人的风凉话反而激发了他学习的热情。

从此以后，除了干农活儿，其余时间，顾景昭几乎都在师父的口传心授下，用心熟记鼓谱，手上的任何物品都能成为他练鼓的鼓槌。一年以后的春节，顾景昭登上了他人生的第一次展示舞台，有忐忑，有怯场，也有几分激动，当他表演完后看到拿着茶壶坐在一旁的师父的表情时，他知道自己成功了。

“学会打鼓得三冬”，顾景昭却只用了一年的时间便坐在了乐队中间的位置上。然而，十七岁的他还没怎么在鼓手的角色上展示自己的才华，时代便和他开了一个不小的玩笑。由于“文革”等原因，鼓乐活动停止了，一批技艺精湛的老艺人也陆续离世，鼓乐几乎处于凋零的状态。十几年以后，随着国家政策的调整和政府对民间文化遗产的重视，鼓乐重新得到了社会的关注，但此时，鼓乐社成员有些已经离世，有些已经失去了当年的热情，锣齐鼓不齐的情况经常会发生。



顾景昭：我们鼓乐社里的人都没住在一起，以前有演出时就得骑着自行车一个一个地去叫，不像现在打个电话就行。有些人不在家就没办法沟通，还得想办法找到本人。有些人不仅得不到家里人的支持，还会被说风凉话。

虽然有很多困难，很多时候不被理解和支持，但顾景昭却没有放弃，他知道自己不能松劲儿，因为他是鼓手，如果他一松劲儿，鼓乐社就如同一架正在上坡的马车，一不留神就会滑下去。

1979 年，集贤东村鼓乐社恢复活动后，顾景昭出任社长。他鼓法精到，

顾景昭表演鼓乐

昔日鼓乐社老艺人们排练的场景

2002 年 11 月，集贤东村鼓乐社赴德国柏林参加演出

头脑清醒，鼓乐社的成员都非常敬佩他，对他的技艺素养也给予了较高的评价。

在顾景昭和鼓乐社成员的共同努力下，集贤东村鼓乐社借着改革开放的春风，渐渐活跃了起来。1979 年陕西省群众文艺调演，集贤鼓乐在咸阳与观众见面，获得大家的交口称赞；1987 年“华夏之声”音乐会，集贤鼓乐又进京参演，受到中外友人的一致好评；1998 年西安市“红五月”音乐会为“鼓乐”设立专场……

从此，集贤东村鼓乐社走上了不断发展的快车道，各地演出邀约不断。2002 年，顾景昭率队去德国柏林演出，德国观众对西安鼓乐表现出极其浓厚的兴趣。演出结束后，鼓着掌的观众不愿离去，鼓乐社的成员演奏着行乐想把观众送出演出大厅，可观众还是不愿离开……那个晚上，鼓乐社的成员都激动得夜不能寐。第二天，柏林报纸上登出的文章高度赞扬了西安鼓乐，称其是“世界上最好的音乐之一”。

2017 年 9 月，顾景昭率队去新加坡演出，演出结束后又重现了当年在德国柏林演出时观众不愿离场的情景，等在场外的几位观众紧紧拉着顾景昭的手激动地说：“老哥，我们是咸阳乾县礼泉人，没想到在这里还能听到老家的声音，太好听了，太让人激动了！”

**把鼓乐传承好是天大的事情**

鼓乐有谱，却是无节奏、无时值、无标识的谱，所以鼓乐传承靠的是“口口相传”“口传心授”。早在 20 世纪 80 年代，顾景昭就认识到了鼓乐传承的重要性，重点培训了一批男学员。然而，从事鼓乐演奏挣不到钱，到了 20 世纪末，那批男学员纷纷外出打工，鼓乐社面临垮台的局面。顾景昭审时度势，决定打破鼓乐社“传男不传女”的祖训，不论男女，愿学者皆可报名。告示贴出去后，报名者十分踊跃，但四十名学员居然是清一色的“娘子军”，没有一名男学员。在传统观念深厚的农村，集合一帮女子学习鼓乐，说闲话的自然是少不了的。但顾景昭没有理会别人的说三道四，他的心里只有鼓乐社的发展和鼓乐的传承。

顾景昭：这些学员一开始大多是抱着试探态度来的，学着学着就对鼓乐有了感情。我给自己定了目标，在身体状况允许的情况下，我要把一批一批

顾景昭珍藏的乐谱

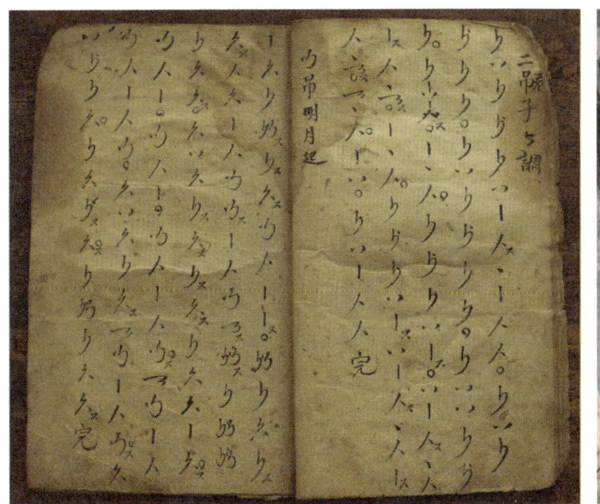

顾景昭培训学员

的学员都教会，让他们锣锣鼓鼓都会演奏，而且还要演奏得很好。

顾景昭在培养学员方面花费了大量的心血。他知道，这些学员是鼓乐的希望，是鼓乐的未来。学员们没有辜负顾景昭的悉心教授，经过几年的练习，他们都已成为集贤东村鼓乐社的正式成员，并能独立演奏二十多首经典曲目。

顾景昭想着力物色一位年轻的男学员来接替他鼓手的位置，但他找了十几年都没有找到。在他七十岁的时候，觉得不能再等了，被迫把鼓手接力棒递到了女徒弟手上。经过几年的培养，女鼓手终于得到了他的认可。

集贤东村鼓乐社在顾景昭的带领下赢得了“天籁之音”的赞誉，在辉煌成就的光环下，顾景昭更多的却是冷静，他觉得后继乏人仍是一个大问题，鼓乐虽有继承，但却谈不上发扬光大。他知道未来的路还很长，尽管自己已近耄耋之年，但仍无法歇息。

## 技艺展示

集贤东村鼓乐社的部分乐器

据集贤东村鼓乐社成员介绍，现在乐队编制的大小是以各种乐器件数来决定的。鼓和笛是乐队的主要乐器，演奏时以鼓作为指挥，掌控全局。在人员特别少的情况下，只要七个人就能演奏一套坐乐，艺人们把这样的情况编成了一句话流传，即“七紧八慢九消停”。但人数最好不要太少，否则会影响演奏的音响效果。集贤东村鼓乐社坐乐演奏，笛子最多时要用十支，最少时也要用两三支；笙最多时要用十五支，最少时两三支就可以了。

由于现在集贤东村鼓乐社经常被邀请演出,因此他们会根据舞台的需要改变队形，但鼓一般都放在乐队中间，起到指挥的作用，其他乐器对称排列。现在鼓乐社保存的最古老的乐器有座堂鼓、手梆子，但是具体是什么年代的，并不清楚。20 世纪 50 年代以前，鼓乐社演奏一般用匀孔笛，后来由于制作此种笛子的老艺人去世，技艺失传，鼓乐社最后一支匀孔笛破损后就改用定音笛。集贤鼓乐属于“俗派”，由于其更多地吸收了民间音乐，从而形成了质朴、浑厚、高扬而热烈的风格。

集贤鼓乐欣赏

## 技艺教学

### 《干鼓》鼓谱教学

我们之所以称西安鼓乐为“鼓乐”，主要是因为它使用了多种不同形状、不同音质、不同技巧的鼓，从而产生了独特的风格。在鼓乐中使用的鼓谱，在全国其他地区的民间音乐中确属少见。这种鼓谱，在民间叫“鼓札子”。由于鼓札子有字谱和读法的讲究，一般不容易掌握，所以必须在艺人们的指导下，才能了解句读规律，熟练辨识。

《干鼓》鼓谱教学

叁

# 秦腔·李爱琴

## 俊小生，活『周仁』

我把我的一生都献给了秦腔，给党和人民做了贡献。我演了一辈子《周仁回府》，如果我是“周仁”的话，那我的戏曲人生就如他的一句话：我心可对天。

——李爱琴

扫描二维码
欣赏传承人微纪录片

《周仁回府》剧照（李爱琴饰周仁）



## 项目背景

**秦腔——小生**

秦腔又称乱弹，是中国最古老的戏剧之一，因为古时陕西、甘肃一带属秦国，所以称之为“秦腔”。秦腔表演朴实、豪放，富有夸张性，生活气息浓厚。关于秦腔的起源众说不一，目前主流的说法认为秦腔形成于秦，精进于汉，昌明于唐，完整于元，广播于清。秦腔的鼎盛时期在清乾隆年间，这个时期，全国很多地方都有秦腔班社，仅西安一地就有三十六个秦腔班社，如保符班、江东班、双寨班、锦绣班等。

秦腔的角色有“十三门二十八类”之说。李爱琴起初是秦腔旦角，后主攻生角（包括老生、须生、小生、幼生四大类）中的小生。

小生指扮演青少年男子，按照饰演人物的不同，小生分为文、武两类。文小生又分为纱帽生、穷生等，这些角色大部分是文人，扮相既不能面带杀气，不能粗野，也不能带稚气。武小生一般分为两类，一类是长靠武小生，另一类是短打武小生。小生在扮相上的特点是不戴胡子，一般比较清秀、英俊；在表演上最大的特点是唱和念都是真假声互相结合，假声尖、细、高，听起来比较年轻，这样就从声音上跟老生有所区别。

2006 年，经中华人民共和国国务院批准，秦腔被列入第一批国家级非物质文化遗产名录。

李爱琴在表演上能博采众长，为己所用，并不断进取，刻意求新，着力刻画人物的内在感情和气质。她声情并茂的唱腔、深情多变的眼神都体现出了现代生活和现代艺术的韵味，实现了古典美和现代美的和谐统一，形成了她自己独特的艺术风格和流派。

2007 年，李爱琴入选为第一批国家级非物质文化遗产项目秦腔代表性传承人。

## 艺术人生

### 少小学艺，不畏艰苦

李爱琴的祖父以唱皮影戏为生，当时在西安颇有名气，渭北一带上了年纪的老人经常说的“四楞子”李三指的就是他。李爱琴的父亲名叫李万祥，农民出身的他农忙时节在家务农，农闲时便跟着李爱琴的祖父到集镇村舍去演出。

李爱琴的祖父去世后，20 多岁的李万祥为了谋生去了汉中，在汉中遇到了李爱琴的母亲。之后，他们又从汉中徒步回到了西安，在西安西关解家巷的一个残破的庙里安顿了下来。

1939 年 4 月 24 日，李爱琴就在这样的环境下降生到了这个贫寒的梨园世家。那时候，他们家的条件非常艰苦，连个像样的被褥都没有，晚上几乎就在麦秸堆里面滚着。冬天天冷的时候，李爱琴的姥姥心疼李爱琴，就把自己的大裆棉裤解开，让李爱琴在棉裤里取暖。

当时他们家旁边有一个小剧场，白天有秦腔表演，李爱琴经常被家人抱着去看戏，耳濡目染，三四岁的李爱琴也迷上了秦腔。父亲李万祥注意到了李爱琴对秦腔的那种原始的热爱，他虽然因为嗓音问题已不能外出唱戏，只能以卖菜为生，但仍当起了李爱琴的启蒙老师，一句一句给李爱琴教唱词和唱腔。在父亲的悉心调教下，五六岁的李爱琴已经能唱堂会了，这个小小的秦腔演唱者获得了观众们的热烈掌声和认可。之后，为了谋生，父亲便带着李爱琴背井离乡闯荡去了。李爱琴也很乐意跟着父亲外出，因为出去后至少能填饱肚子。

李爱琴：父亲那时候对我要求特别严格，我演出完经常都晚上十一二点了，早已困得不行，但是父亲仍会让我再背一两个小时的唱词。大家都说我唱腔过关，唱得有劲儿，这可是我挨巴掌换来的。

李爱琴先在彭艺社扮小孩、演丫鬟，随后到大华社，在秦腔名家李正敏、董化清两位先生的指导下，先后演出《探窑》《三娘教子》《五典坡》等戏。由于嗓子好，吐字清，演戏投入，再加上年龄小，李爱琴广受观众们的欢迎和喜爱，被亲切地称为“六龄童”。之后，李万祥为“六龄童”正式起名为李爱琴，他说李家的人爱秦腔，演旦角用“琴”字更好听。

**勤学苦练，戏比天大**

1954 年，李爱琴加入了陕西省军区五一剧团（西安市五一剧团），成为一名革命文艺工作者。进入五一剧团后，李爱琴开始系统地学戏曲、学文化，开启了她艺术生命的新篇章。

李爱琴等人练功场景（1954 年拍摄于五一剧团）

《小两口赶集》剧照（右为李爱琴，1960 年拍摄）

同年，李爱琴出演秦腔传统剧《张羽煮海》中的张羽，在西安市东大街连演两个月，场面十分火爆。观众们生动地说："李爱琴把西安市的水都煮干了。"从此，人们重新认识了小生李爱琴。

1956 年，为迎接陕西省戏剧会演，五一剧团排演《戚继光斩子》，由李爱琴扮演戚继光之子戚印。这是武小生的戏，当时李爱琴的武功功底比较差，为了确保演出质量，她专程到天津向京剧名家李万春先生学习。李万春先生从腿功、刀功、枪功，以及戚印的角色性格和表现方法等方面，对李爱琴进行认真地辅导。经过一个月的学习，李爱琴的武功和表演技巧有了很大的提高。回到西安后，李爱琴每天起早贪黑，从跑场、踢腿、劈叉、抢背、五龙绞柱到耍枪花，一天三练，直练得浑身酸疼，两腿红肿。功夫不负有心人，经过一段时间的突击式苦练和排演，李爱琴将武艺超群、年轻有为的少年武士戚印形象立于舞台。李爱琴也凭借精彩的演技，在此次会演中获得演员一等奖，并荣立三等功一次。



《戚继光斩子》剧照（李爱琴饰戚印）

后来，五一剧团排演《忠王李秀成》，李爱琴又扮演了李秀成之子，参加了陕西省第一届戏剧观摩会演，获得演员二等奖。由于勤学苦练，演出认真，李爱琴在 1958 年被评为“五好演员”。1959 年，李爱琴光荣地加入了中国共产党，同年，被评选为陕西省劳动模范。

1959 年，李爱琴随陕西省戏曲演出团到北京演出。

演出团在北京公演后，社会各界反响十分热烈，梅兰芳、田汉、曹禺等戏剧名家亲自撰稿或赋诗，对此予以高度评价。离京前夕，时任国务院副总理的习仲勋专程看望他们，并告诫他们：“今天叫你们来，就是要打

《写状》剧照(李爱琴饰赵宠)

个招呼，你们在赞扬和成绩面前不要骄傲，周总理、少奇和朱老总都看了演出，夸你们演得好，你们千万不要头脑发热、忘乎所以……”

李爱琴谨记习仲勋副总理的教诲，跟着演出团开始巡回演出，南京、上海、广州、武汉、昆明、南宁……在这近一年的巡回演出中，李爱琴的眼界大开，受益于演出团里很多秦腔名家的具体指导，其间又先后得到盖叫天、红线女、陈伯华等名家的指教，她的表演艺术水平有了新的飞跃。

李爱琴：盖叫天先生说他是为了戏把自己的腿折断的，我当时就哭了，我说你咋能这样。盖老说这就是为了戏嘛，戏是天大的事情，个人的事情是小事。他的话我一直铭记在心，对我的影响是相当大的。



李爱琴（右）与京剧表演艺术家盖叫天（左）合影

1983年，原国家文化部部长朱穆之提出："农业改革的基本精神与原则一般也适用于文化艺术事业，就是要实行责任制，联产承包。"于是，以承包经营责任制为主要形式的艺术院团体制改革在全国得到了推广。为了顺应改革大潮，担任西安市五一剧团演出一队队长的李爱琴率先组建演出队，成为西北地区艺术院团体制改革的先行者。

头挑起来了，压力也随之而来，好心劝慰的、恶语相向的、猜测质疑的话语接踵而来。面对这些言语，李爱琴硬气地只说了一句话："国家叫我干，我怕啥！"

为了让基层的群众看上戏，也为了有更多的效益，李爱琴带着演出队去乡村，下到最基层演出。一个月后，演出队的演出场次不断增多，大家的干劲也越来越足。承包经营责任制的试行，过程是艰辛的，成果却是显著的。这不仅体现在演员收入的增加上，还体现在剧团重排了11台本戏、18个折子戏，打破了以往"论资排辈"的惯例，为一些青年演员提供了展示的舞台。

李爱琴：从基层演出回来大家就选我当团长，这一当就是二十年。在这期间我把握了一点，就是要出人、出戏，抓创作。先做人，后演戏，这是我的宗旨。

有两件发生在演出现场的趣事至今令李爱琴记忆深刻。

1982年，李爱琴到西安市长安县（今长安区）演出《周仁回府》，观众蜂拥而至，把舞台围得水泄不通，维持秩序的工作人员无奈，只好用扫帚轻拂拥挤的观众，才使演出得以继续。演出结束后，广场上留下的被挤掉的鞋子足足装了两大筐。

1986年，李爱琴带领演出队在甘肃省靖远县演出，一位已经进入孕晚期的妇女不顾拥挤，也到现场看戏，结果因剧情跌宕起伏引起情绪激动，看到一半，就被送到了医院，生下了一个胖娃娃，家属为了纪念这次有意义的降生，给孩子起名叫"爱琴"。

李爱琴《周仁回府》剧照（1960 年拍摄）

2008 年 4 月，年近七旬的李爱琴在甘肃省兰州市完成了自己的最后一场演出。

李爱琴：演完了以后我放声大哭，我再也不能给这些亲爱的、尊敬的观众演戏了。我舍不得脱下戏服，我真是心潮翻滚，离开那个我热爱的舞台是很难很难的……

**匠心授徒，竭尽全力**

“老骥伏枥，志在千里。烈士暮年，壮心不已。”退休后的李爱琴并没有停止对秦腔的关注，她把主要精力放在了收徒和授艺上，她先后收了杨升娟、王凤娥、李红、吴云、范亚妮、贺晓慧等为徒。

李爱琴收徒看重的不是这个人的外在条件和技艺，而是他是否真的爱秦腔，因为只有从心里爱秦腔，才会愿意为秦腔付出。李爱琴时刻发挥着自己的余热，不辞辛苦地给晚辈们说戏排戏。她说自己心里很知足，算是为秦腔的发展尽到自己的一份力了。

李爱琴：我常对徒弟们说，排戏时不要有怨言，只要排到自己的戏，不管天热天冷，都要坚持住，这也是一种功，也得练。



正是有了李爱琴的严格要求，才有了徒弟们的快速成长和进步，她的徒弟们都在秦腔领域取得了不少成绩，尤以当红小生杨升娟为代表。杨升娟从 9 岁就开始跟李爱琴学戏，勤学苦练，如今成了继李爱琴之后的又一个“活周仁”。

从五六岁时的流浪艺人到如今的秦腔艺术家，可以说李爱琴一辈子都是在学秦腔、演秦腔、传承秦腔中度过的。李爱琴的血液中早已融入了秦腔，甚至可以说，她是为秦腔而生的。

杨升娟向李爱琴行拜师礼

李爱琴给徒弟们排戏

## 技艺展示

《周仁回府》是久演不衰的秦腔传统剧目。1990 年 12 月，李爱琴到北京参加徽班进京 200 周年纪念演出，她演的《周仁回府》受到戏剧界的高度评价，她对周仁这一角色的把握准确到位，真正做到了“一人满台戏”。演好这个戏的难度是很大的，但李爱琴并没有知难而退，而是采各家之所长，补己所短。她经过勤学苦练和舞台实践，逐步形成了自己独特的艺术风格，动作质朴无华，情感慷慨激越，唱腔浑厚、刚毅、深沉，余味无穷。

李爱琴在《悔路》《夜逃》《哭墓》这几场戏中推陈出新，调动了耍帽翅、甩发、水袖等多种表现手法，运用激昂、深沉、凄切的唱腔表现了一个有血有肉、有情有义而又可信可敬的周仁。

《周仁回府》至今已连续上演了 3000 多场，创造了一出剧演出场次最多的纪录，李爱琴被誉为“第七代活周仁”。

秦腔《周仁回府·哭墓》欣赏

## 技艺教学

### 耍帽翅教学

在戏曲中，纱帽是古代官员戴的一种帽子，帽翅是纱帽上的一种装饰。戏曲演员利用耍帽翅来表现角色的心理活动，称为帽翅功。

在舞台上，一翅停稳，一翅上下闪动或轮转的，习称“单翅闪”；双翅同时上下闪动的，习称“双翅闪”；双翅相互倒换上下闪动，双翅一前一后轮转闪动的，习称“滚翅”。通常通过帽翅的上下摇晃、左右摆动，表现出戏曲人物或欢喜快乐或忐忑不安或痛苦难当的心理状况。耍帽翅完全由脖颈及后脑勺控制，演员需刻苦磨炼方能运用自如。此外，帽翅上的弹簧也要长短软硬适度，以便于演员控制。

耍帽翅教学

肆

# 秦腔·康少易

## 武生泰斗，易俗真传

戏曲艺术之道，无外由简到繁，繁能而简，继而精，然达通灵化境者，非几辈人之致力于此是不能完成的。

不像不是戏，太像不是艺，悟出情与理，是戏又是艺，此为戏曲表演艺术的最高境界。我们应遵循艺术之道，以不懈之力把戏曲艺术传下去。

——康少易

扫描二维码
欣赏传承人微纪录片

《十八罗汉斗悟空》剧照(康少易饰孙悟空)



## 项目背景

**秦腔——武生**

秦腔是一种戏曲表演艺术，秦腔中的武生表演自然具备戏曲性的艺术特征。武生表演具有一定的写意性，追求的是神似，是高于生活的艺术真实，其中所运用的武术动作大多讲究的是形体之美与武打神韵，并不是具体的武术展示。

秦腔武生分为两大类，一类是长靠武生，另一类是短打武生。长靠武生都身穿着靠，头戴着盔，穿着厚底靴子，一般都用长柄武器。这类武生，不但要求武功好，还要有大将的风度，有气魄，功架要优美、稳重、端庄。短打武生着短装，穿薄底靴，兼用长兵器和短兵器。短打武生要求身手矫健敏捷，内行的说法是“漂、率、脆”，即看起来干净利索，打起来漂亮，不拖泥带水，表演上矫捷灵活。

康少易，国家一级演员，继承了京剧武生张翼鹏的锤顶锤、鞭对鞭、宝剑入鞘等技艺，丰富了秦腔中的武生表演。他功底深厚，技艺全面，是陕西秦腔舞台上不多见的武生演员，被誉为“秦腔武生泰斗”。

2007 年，康少易入选为第一批国家级非物质文化遗产项目秦腔代表性传承人。

## 艺术人生

### 系出名门，家风濡染

康少易父亲康顿易肖像照（1985 年拍摄）

康少易的父亲是著名的秦腔小生演员康顿易先生。康顿易六七岁时入易俗社学艺，聪慧刻苦，安守本分，11 岁时主演《黄鹤楼》便一鸣惊人，后演《蝴蝶杯》中的田玉川、《还我河山》中的岳飞等角色轰动京华，名震三秦。康顿易在声誉日盛时仍勤勉如旧，正如《易俗社简明报告书》所评述的“守身如玉，不妄交游，道德艺术为本社小生中第一”。20 世纪 30 年代，康顿易曾三次随易俗社赴京演出，与京剧名家们切磋技艺，让他感慨颇深，他屡屡讲起当年的记忆，也给康少易留下了深刻的印象。

康少易：我父亲曾给我讲过他和叶盛兰先生的一次交流。原来的《黄鹤楼》剧中有赵云和周瑜在黄鹤楼上打斗的情节，你踢我一脚，我打你一个抢背。叶盛兰先生说我父亲的技巧太好了，但是用错了人物，假如这些技巧，翎子呀，水袖呀，用到吕布的身上，那就是妙的，可周瑜是三军统帅，这样的技巧不适合这个人物。父亲当时就给叶盛兰先生做了揖认了师父。父亲常说演戏首先是演人物，自己和叶盛兰先生在艺术上确实差距很大。

小时候，康少易总是听父亲讲从哪位大师身上学到了什么，几乎没有听到他说进京演出是如何的风光。父亲的谆谆教诲对康少易的影响颇深。

康少易小时候的家在西安钟楼东边的案板街，父亲就在家旁边的易俗社唱戏，从家走到易俗社只需三分钟，康少易进戏园子看戏的时间几乎不比上学的时间少。康少易 7 岁时在学校赛跑伤了腿，在家养伤不能上学，他几乎天天拄着拐杖泡在戏园子里，渐渐对戏剧产生了兴趣，还时不时和小伙伴们比画比画。

《洞房》剧照（右为康顿易，左为王天民）



父亲倒没有让康少易学戏的想法，他认为学戏很苦，但凡家里条件好一点儿的都不会让孩子小小年纪就去踢腿、拉筋、学戏。但康少易看戏看得多了，唱、念、身段、台步什么的也学得有模有样。父亲觉得他有志于学戏，便问他将来想演啥。康少易当时最喜欢看的就是《盘肠战》《狮子楼》《白水滩》《铁公鸡》这些武打戏，他非常喜欢《盘肠战》中表现出的英雄气概，便告诉父亲自己想演《盘肠战》。父亲皱起了眉头，虽然《盘肠战》里的英雄人物在舞台上表现精彩，武打超凡，但要想练就这样一身功夫却绝非易事。父亲只对康少易说了一句话："你现在好好学戏，演《盘肠战》是你二十年以后的事。"后来，父亲请了易俗社的名演员李可易、徐抚明、刘幼民和吴诚易等对康少易进行教导，给康少易的秦腔入门打下了扎实的基础。

**志向高远，砥砺前行**

男孩子可能都有英雄情结，崇拜英雄，追随英雄，争当英雄。舞台上的英雄形象很早就扎在了康少易的心里，为了以后能在舞台上演好英雄，他从10岁起就放弃了在舒适的家庭环境里坐享其成，而是把常人难以忍受的苦练压在了自己身上。

1955年，西安市五一剧团招收学生，康少易顺利通过了考试并进入了剧团的学员培训班，开始了更加刻苦的训练。

康少易：1955年到1957年这两年时间里，我们早晨的练功场跟杀猪场一样，老师是真打，不管男的女的，只要练得不好，棍子就上去了，喊爹叫娘的哭声很多。那是真受罪，老师天天都在“加码”。

五一剧团学员培训班的两年苦练使康少易进入了戏剧表演的另一个阶段，他认识到“山外有山，人外有人”，要想在演戏这个行当里有一席之地，自己就得突出，突出的唯一办法就是下狠心苦练。

这个当年穿着小皮鞋、披着呢子大衣，令同学们目瞪口呆的“阔少爷”，在排练场的尘土中完全洗去了身上的浮躁和自负，他唯一的目标就是要做“陕西的张翼鹏”。

张翼鹏是京剧武生泰斗盖叫天的长子，擅演孙悟空猴戏，有“江南猴王”之誉。当年给张翼鹏挎刀（协助主角）的张小楼来到西安，他了解了康少易的情况后，主动提出要见其父亲康顿易。张小楼见到康顿易后的第一句话就是“我要收你儿子做徒弟”，康顿易又惊又喜，张小楼给张翼鹏挎刀，张翼鹏的戏他全会，跟着这样的师父不就等于跟着张翼鹏吗？康顿易答应了，说：“那就摆酒磕头举行个仪式。”张小楼却说：“咱们一言为定，我什么都不要，张翼鹏不在了，他的功夫得有人接着，我就看中你儿子了。”

1957年，14岁的康少易开始跟着师父张小楼练功。已经在练功场泡了六七年的康少易原以为跟着师父就可以练张翼鹏身上的干货绝活儿了，然而，当师父搬个长凳往场上一坐，他就知道想学绝活儿不是简单的事。康少易每天除了无休止地翻各种各样的跟头外，就是练鞭练锤。师父一坐就是两个小时，这两个小时里，康少易连停顿一下都是不可以的。不下雨时，康少易在五一剧团的猪圈里练，下雨时，他就在师父的屋子里练。练毯子功时，康少易和师父五点半就起床开始练，等别的学员起床后，他的功都已经练完了。1957年到1962年，康少易的技艺得到了升华，他的靠功、跟

康少易《三岔口》剧照(1958 年拍摄)

头功和出手功等都练到了炉火纯青的地步。

武戏演员的训练惊险而艰苦，稍有不慎还可能对身体造成伤害，其对年龄的要求较文戏演员更为苛刻，因而培养一名武戏演员相当不易。康少易凭着勇夺第一的执着信念和坚韧的练功毅力，不到 20 岁就具备了唱、念、做、打、摔、翻之功。

**虽经波折，老当益壮**

十几年的苦寒历练，使康少易练就了一身本领，但当他准备厚积薄发、在舞台上一展风采之时，形势的变化却令他措手不及。

秦腔传统历史戏中以武生作为主角的不在少数，例如《盘肠战》《蜈蚣岭》《八大锤》等，在这些年的练功生涯中，康少易排练的也都是这类历史戏。1963 年，现代戏逐渐成为舞台上的主要表演剧目，历史戏不断被边缘化，康少易顿时觉得自己的一身好功夫无用武之地，他不愿意当陪衬，更不愿意只在舞台的边角位置上比画两下，以示这出戏里还有武打成分。

康少易虽然在郁闷和困惑中没有登过舞台，但也没有丢下身上的功夫，他坚信师父的期望和自己的愿望总有一天会实现，他的信念是“宁叫艺术等机会，莫叫机会找艺术”。在连续几年连工资都没有着落的情况下，康少易除了自己练功外，还给儿子传授技艺，他坚信秦腔的武生技艺总会发光。

演出结束后，康少易（左）与儿子康云翔（右）合影

20 世纪 80 年代初，传统历史戏又登上了舞台，康少易终于等到了属于自己的戏剧舞台的春天，他和同事们没日没夜地排练，把由他主演的《伐子都》搬上了舞台。康少易当时虽已年届四十，属于武生行当的高龄，但他依然展现了高超的技艺。为了展示子都堕地身亡的全过程，只见康少易身着长靠，足蹬厚底靴，从摞起的四张桌子的高台上翻下，紧接着转体 540° 挺身落地，这一连串高难度动作可谓干净利落，精湛绝伦。为了这一分钟的展现，康少易寂寞了十年，痛苦了十年，求索磨炼了十年，此时他是一个有气魄、有血性、有灵气的完全真实的武生传人。

2001 年，在陕西省武术绝技会演中，康少易主演了武戏《十八罗汉斗悟空》，塑造了机智聪慧、活泼可爱的孙悟空形象，一上场就迎战各位罗汉，从不下场，直至戏终，展示了武生行当中的“五绝”——“张家鞭”“王家锤”“郭家剑”“俞家圈”“袁家叉”，令行内惊叹不已。这一年，康少易已近 60 岁。

康少易身着长靠，从高台上翻下（1990 年拍摄）

《十八罗汉斗悟空》剧照（康少易饰孙悟空）

2015 年，已经退出舞台的康少易受到陕西省戏曲研究院小梅花秦腔团的邀请，前去帮助排演武戏《白猿救母》。当时正值盛夏，排练厅里闷热异常，加上年轻演员对此剧不熟悉，排练非常费力，高强度的工作使康少易病倒了。但他只在医院治疗了不到一周，就又上了排练场。《白猿救母》恢复演出，康少易展示了鞭对鞭、锤顶锤和宝剑入鞘等绝技，大获成功。



小梅花秦腔团副团长穆晓鹏：人们尊称康老师为“秦腔武生泰斗”，我原先觉得那只是一个称谓，跟康老师接触后我才明白，他受之无愧。一个艺术家在舞台上的风光和精彩表现观众看得到，但背后付出多少艰辛，观众是想象不到的。

退休以后的康少易没有停下对武戏的钻研和传授，他深知培养一个优秀的武戏演员很困难，但他还是不惜花费余生的心血培养下一代，不让秦腔武戏断代。

康少易：在武生的传承上，我心里有很多感受，我有 15 个学生，有 7 个把跟腱练断了。成就一个演员不容易，成就一个武戏演员更是难上加难。

康少易武生一生，惊险一生，痴迷一生，豁然一生，也精彩一生。

康少易给孙子康惠麟教授武生技艺

康少易孙子康惠麟《四杰村》剧照（2001 年拍摄）

## 技艺展示

《白猿救母》属于“猴戏”门类，20 世纪 30 年代，京剧武生名角李万春、李少春、张翼鹏、郭玉昆等都曾有过演出，但其后几乎失传。康少易曾随张小楼、李万春学过《白猿救母》，将该剧再现于秦腔舞台是他数十年的强烈愿望。

2013 年，著名京剧表演艺术家孙毓敏主持召开的“京剧武生行当教学研讨会”，点燃了抢救、传承、发展武戏的一把火。古稀之年的康少易倍感振奋，他自己动手改编剧本，以达抢救秦腔“猴戏”之目的。当时两鬓斑白的康少易披挂上阵，饰演白猿，棍、叉、锤、锏，股掌之间游刃有余，尤其是“背身剑入鞘”的拿手绝活儿，技惊四座。

秦腔《白猿救母》欣赏

## 技艺教学

### 马鞭枪教学

康少易在秦腔传统折子戏中创新性地从过往依靠短打硬功提升到大靠武生戏，更是加入了独门的鞭花、枪花绝技。他要求学生在日常学习、训练中做到眼、手、脚、身默契配合，解决手、眼、身、法、步的协调，讲究稳、准、巧、干净、利落。

马鞭枪教学

伍

# 秦腔·卫赞成

## 戏曲界难得的综合艺术家

戏越演越害怕，每次登台，我都诚惶诚恐，唯恐出半点儿差错而对不住观众。我把我的生命、我的一切都献给了秦腔事业，哪一天我若真不能演了，我的使命才算完成。

——卫赞成

扫描二维码

欣赏传承人微纪录片

《长城歌》剧照（卫赞成饰扶苏）



## 项目背景

**秦腔——老生**

老生又称须生、正生或胡子生。胡子在戏曲里的专有名词叫“髯口”，表示严肃端庄之意。老生主要扮演中年以上的男性角色，唱和念白都用真嗓。老生一般分为文、武两类，从表演的侧重点来划分，可以分成唱工老生、做工老生、武老生。唱工老生亦名安工老生，以唱为主，动作次要且幅度较小，态度安闲从容，唱时安稳沉着。做工老生又称衰派老生，以表演为主。武老生包括长靠和短打两类，长靠老生又称靠把老生，凡是身披铠甲、手持兵器，擅长武功的老生角色，都叫作靠把老生。除去按照表演的侧重点来划分老生行当中的细目以外，对于老生，还有一种按照扮演角色的身份和社会地位所应该穿的服装来划分的方法，可以将其划分为王帽老生、袍带老生、褶子老生、靠把老生、箭鹫老生。

卫赞成戏路宽，文戏、武戏、小生、须生均能胜任，全面掌握了秦腔文、武小生兼须生的表演技能、技巧，且能在眉户剧、碗碗腔中主攻小生，塑造了一系列成功的舞台艺术形象，演出风格质朴细腻、声情并茂。

2018 年，卫赞成入选为第五批国家级非物质文化遗产项目秦腔代表性传承人。

## 艺术人生

### 困苦所迫，年少离家

童年时代给卫赞成留下的记忆除了苦难还是苦难。1938 年，他出生在华山脚下一个叫“坡上”的村子，三四千人的村子里他家的光景是最差的。那时候，卫赞成从来没有觉得远处华山的风光有多美，在嗷嗷待哺的孩子眼中，除了食物，一切都是没有色彩的。“九学”是卫赞成出生后的名字，卫赞成的父母都不识字，卫赞成也不知道家里人为什么给自己起这么一个名字，也许是“久学”——冥冥之中寓意着他在后来的岁月中总是孜孜不倦地学习。

卫赞成八九岁的时候，母亲对他说：“九学，到西安去，西安有个你舅，让你舅给你寻个事。”

卫赞成坐着拉煤的火车到了西安，找到了管三意社、尚友社那一片治安的舅舅。舅舅上班就是看戏，卫赞成也跟着看戏，华山脚下的农家娃娃进了西安的戏园子，不亚于“刘姥姥进大观园”，舞台的美轮美奂令他眼花缭乱，尤其是著名秦腔小生苏育民的唱腔、形象在他的心里扎下了根。

卫赞成：我这个舅舅给我爷爷说让我去学戏，我爷爷说这倒还是个门道。1948 年，通过秦腔旦角傅凤琴的介绍，我进入了尚友社学艺。

卫赞成肖像照(1959 年拍摄)

人的一生或许是可以轻易被改变的，舅舅的一句话就让卫赞成迷茫地走上了秦腔艺术的道路，这一走，竟然是一生的追寻。

卫赞成：尚友社对学员们的训练是非常严苛的。练踢腿，一下子就得踢上百腿，腿踢肿了也得继续踢。踢够了五十腿，老师开始“验水”，验水就是看我们有没有出汗，没出汗就得挨一棍子继续练。

严酷的基本功训练给卫赞成的舞台艺术打下了坚实的基础，使得他后来在华阴剧团总是技高一筹。

**勤奋刻苦，担纲主角**

卫赞成在西安待了一段时间后，又回到了华阴继续上小学，但对秦腔艺术的向往让他对再三挽留他继续上学的老师说：“我爱剧团。”于是，穿着露着脚指头布鞋的卫赞成去报考华阴的剧团——新中社。

主考老师问12岁的卫赞成：“娃，你会唱啥?”卫赞成回答道：“我会唱《苏三起解》。”主考老师说：“来，上板胡，你给咱唱。”卫赞成刚唱了四句，主考老师就说：“对咧，回去取被子去。”主考老师是剧团的团长，他的一句话可以决定卫赞成的去留，卫赞成就这样成了新中社的学员。

卫赞成：早年间学戏是没有剧本的，都是老师给学员口口相传，上午教会你几句戏词，下午就考你背下了没有，没有背下来晚上就继续背，第二天再考。第二天背下来就教新词，第二天还没背下来就挨板子，被打的次数多的学员，当演员基本就没戏了。

卫赞成总是把老师教的戏词在嘴里反复念叨，力求记熟记牢。也许是勤奋，也许是天资聪颖，他总能很快记熟戏词，老师们都很喜欢教他，他也极少挨板子。

按照剧团的一般程式，学员从进入剧团到登台演出，最快也得三年五载，而卫赞成进剧团才三个月，就登台演了自己的开门戏《黄鹤楼》，并担任了主要角色。

卫赞成：其他学员一天练三趟功，我练四趟功。县剧团没有排练场，

卫赞成《周仁回府》剧照(1978年拍摄)

我就在农家院子里练。天刚蒙蒙亮，我就把靴子一穿，马鞭一提，枪杆一拿，开始练功。等同学们起来，我这一趟功已经练完了。贺寅亮老师一看，说“这个娃刻苦，长进快”，就开始给我吃“偏碗饭”了。

年仅12岁，只有小学三四年级文化水平的卫赞成在满肚子戏文的贺老师一句一句地带教下，硬是把《黄鹤楼》中自己根本弄不明白意思的唱词、道白死记硬背了下来，一经上台便大获成功，新中社也因这出戏在整个渭南地区声名鹊起。

卫赞成《黄鹤楼》剧照(1988 年拍摄)

卫赞成《辕门斩子》剧照(1992 年拍摄)

后来，卫赞成又在贺老师的辅导下排演了《长坂坡》《柴桑关》和《夜战马超》等武戏，以及《貂蝉》《梁祝》等文戏。几年时间里，卫赞成的精彩表现让他拥有了很多戏迷，每场演出完都有戏迷为了表达心意给舞台上送东西，还有一位老太太要给卫赞成说媳妇，这让十五六岁的卫赞成哭笑不得。

有一件事，卫赞成至今难以忘记。1964 年剧团精减人员，年龄大的演职人员大多被裁减了。贺老师离开前，想请卫赞成吃饭。卫赞成当时紧张地说怎么能吃老师的饭，贺老师笑着说只是吃一碗面。饭桌上，贺老师说："赞成，老师没打过你，咋心里一直都想不明白呢。"卫赞成笑着让老师这会儿就打，贺老师说现在舍不得打了。可见肯用心、肯动脑筋、刻苦练功的卫赞成是深得老师喜爱的。

**舞台历练，演、导兼备**

导演在舞台艺术中具有举足轻重的作用。卫赞成从年少排戏时就很注意观察老师和导演们对戏的理解以及对演员的指导，这为他早早就被推到戏剧导演的位置打下了一定的基础。他平日里仔细观察生活、刻苦钻研戏剧，从未停下学习的脚步。

1964 年，全国掀起了排演各个剧种版《江姐》的热潮，卫赞成所在剧团的领导也决定排演秦腔版的《江姐》，并且把导演的任务交给了卫赞成。从未担任过导演的卫赞成连连拒绝，但对他的能力非常了解的团长说："你排也得排，不排也得排，因为你现在是共青团员。"当时担任剧团团支部副书记的卫赞成在"组织决定"的情况下才接受了执导《江姐》秦腔剧的任务。

剧团领导把导演的重担交给了卫赞成，同时也给了他很优厚的"待遇"：北京有演《江姐》的，西安的陕西歌舞剧院也在演《江姐》，卫赞成想去哪里看，看多少场都行，费用报销。卫赞成却说："哪里都不去看。"剧团领导以为他闹情绪，他说出了自己的道理："不排戏看谁的戏都可以，排戏时谁的戏都不看。我没有当年党的地下工作经验，我得看书。"剧团领导让人从书店买了小说《红岩》，卫赞成用三天三夜的时间把书看了两遍，看完后，他满脑子都是江姐、双枪老太婆和华蓥山的云雾山水。

七天七夜的时间，秦腔版《江姐》排演完后，曾在陕西省戏曲研究院当导演的李文玉看了彩排，得知这是只有二十多岁的青年演员卫赞成导演的戏后，把卫赞成叫到自己房间……

卫赞成：李文玉是著名戏剧艺术家马健翎的左膀右臂，著名导演。他对我说："这《江姐》是你排的？"我说是。他问我看过谁家的，我说谁的也没看，把整个过程说了一遍。李导让我好好学，有啥困难就去找他。后来他推荐我参加了渭南地区青年导演培训班。

在导演培训班培训期间，卫赞成觉得自己的文化底子太差，就买了好几本字典、词典，恶补文化知识。他还去西安拜了陕西省人民艺术剧院著名导演玄英为师。玄英老师毫无保留地将《戏曲表演论集》《契诃夫戏剧集》《斯坦尼斯拉夫斯基全集》等藏书借给他读，这不仅使卫赞成从中受到了深刻的启迪，而且使他后来的表演艺术有了质的飞跃。

短短两年时间里，卫赞成把能找到的国内外著名导演的书面资料都“啃”了一遍，极大地提高了自己的导演水平，为后来导演很多大戏、新戏补充了精神食粮。

卫赞成：当导演要有生活历练，要多观察，得是个有心人。很多演员之所以不能成为导演，是因为他们只是把自己的角色完成好就完了，不去操别人的心，甚至不操心别人演的是什么。

卫赞成从年轻时就开始历练自己，他说的“排戏不看戏”也很有道理，看了别人的东西自己的思维就乱了，很容易把自己框起来。

年逾八十的卫赞成正在化妆，准备上台演出

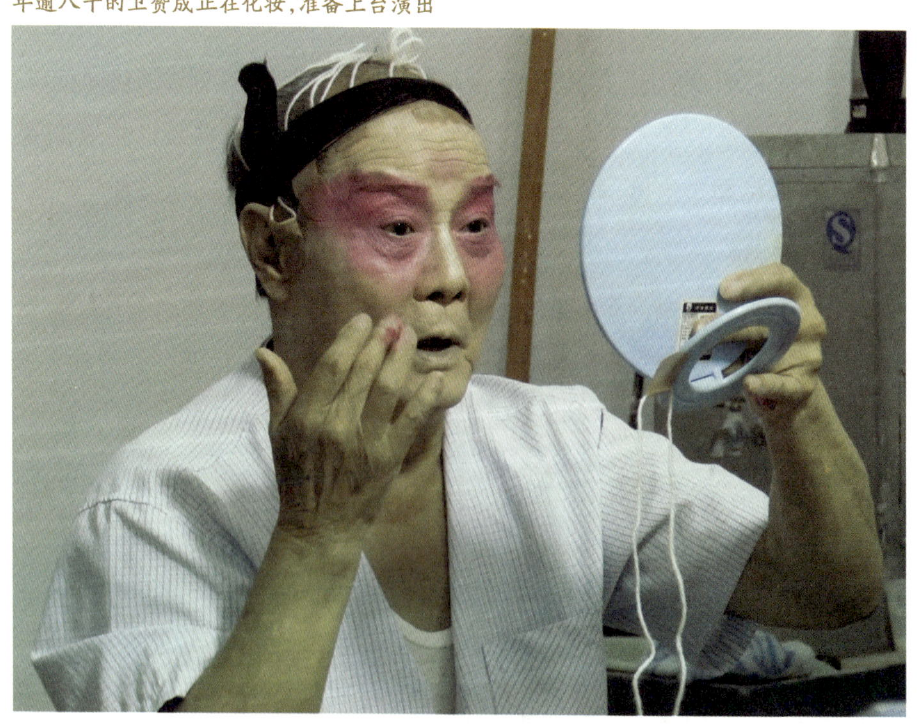

卫赞成：我在当导演时遇到的最大问题是“生活”。毛主席在延安文艺座谈会上讲到，“生活是文艺创作的唯一源泉”。我在排歌舞剧《32111 钻井队》时遇到了难题，这个剧讲的是油田生活，但油田的生活、工人的工作我都不知道，我无从下手。当时听说华县有个钻井队，我就把演员带到那里去住了三天，看工人们的生活和精神状态，看钻台、看大管钳……

当年全国都在学习 32111 钻井队，卫赞成带领演员去钻井队体验生活，把戏展现在舞台后，在渭南文艺界引起了极大的轰动。

卫赞成 2008 年被评为省级非遗传承人，2018 年被评为国家级非遗传承人，在荣誉面前，他更多的是感到了自己身上的责任重大。虽然他的学生已经遍布西北五省，但他仍然不辞辛苦地为秦腔的振兴与传承忙碌着。

卫赞成：只要我还有一口气，就要把自己的技艺往下传，教学生是我义不容辞的责任！

卫赞成和妻子在家中唱秦腔

卫赞成深情地望着自己昔日的戏服

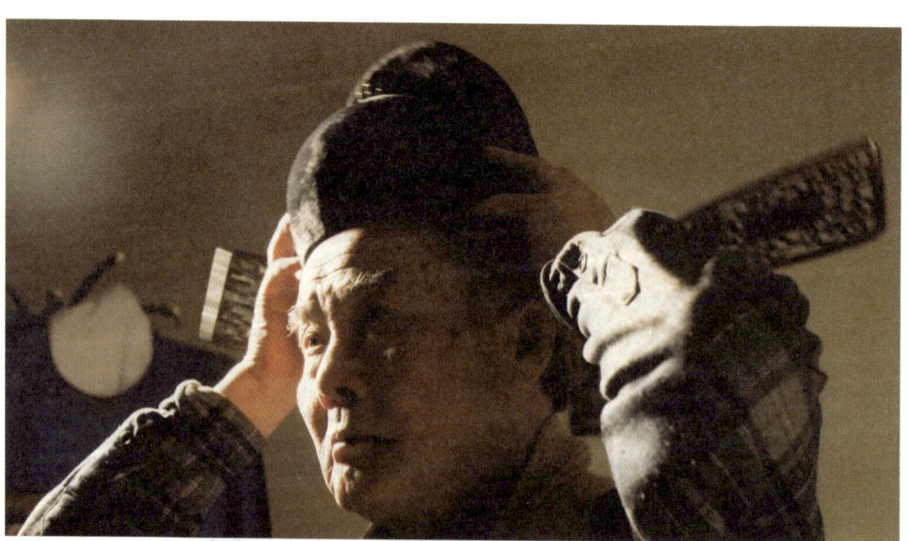

卫赞成戴上从前唱戏时的纱帽，目光灼灼

## 技艺展示

《周仁回府》是秦腔传统剧目，又名《鸳鸯泪》，为秦腔八大本之一，系须生、正旦(后改小生、正旦)唱、做工并重戏，其中有《悔路》《夜逃》《哭墓》等折戏可单独演出，广为流行。

主要剧情：严嵩的干儿子严年垂涎于杜文学之妻，遂诬告杜文学，使其被流放岭南。杜文学临行前将其妻跪托义弟周仁。杜文学门客封承东告密，严年赐官周仁令献其嫂，可救其兄。周仁与妻暗中计议，以其妻扮作其嫂，献与严年，并连夜携嫂出逃。妻至严府，杀严贼不成，自戕身亡。后杜文学冤雪释归，以为妻子已死，怒责周仁。杜文学之妻出面痛说原委，真相始明。

卫赞成：许多秦腔名家都演过《周仁回府》，都有自己的特长、绝活儿。我如果故步自封，不知道自己的弱点，不能虚心求教、刻苦再创造，就算学得再像，也只能是照葫芦画瓢，一无所成。

秦腔《周仁回府·悔路》欣赏

## 技艺教学

### 梢子功教学

梢子功，又名甩发功，是男性角色利用头顶扎束的一绺长发进行表演的特技，多表现人物惊慌失措、悲愤交加、疼痛欲绝等激烈情绪，用于仓皇逃命、垂死挣扎等险恶情境。

甩法上有左右甩圈，甩十字，甩圆场，跪步甩，前、后、左、右甩起，上下甩，后甩圆圈，摆须甩发，挽发变脸，翻身甩发等，其中挽发变脸和翻身甩发尤具特色。

梢子功教学

陆

# 秦腔·马友仙

秦腔百灵鸟

1986年，我参加了陕西省赴老山前线慰问团，在猫儿洞给战士们演唱。我正在唱《十五贯》时顶上的蛇就掉在脸上，我把蛇挑开继续唱。我还拿着电话唱，电话线通到了很多猫儿洞，给战士们唱“打不尽豺狼决不下战场”。我常常被战士们感动得几乎唱不下去，看着他们，我觉得如果在炮火声中胆小害怕就无地自容，我们生活在和平环境中的人们不应该有任何自私之心。

——马友仙

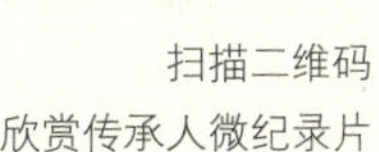

《五典坡·三击掌》剧照（马友仙饰王宝钏）

## 项目背景

**秦腔——青衣**

青衣是传统戏曲中旦行的一种，北方剧种多称青衣，南方剧种多称正旦，因所扮演的角色常穿青色衣裙而得名。青衣扮演的一般都是端庄、严肃、正派的人物，大多数是贤妻良母，或者是贞节烈女，表演特点是以唱功为主，动作幅度较小，行动比较稳重，念韵白，唱功繁重。

马友仙主攻旦角（小旦），代表剧目有《游西湖》《柜中缘》《洪湖赤卫队》等。在秦腔传统剧目中，小旦大都扮演不同身份和性格的青年女子，多为仙女、小家碧玉，动作轻盈含蓄，神态温顺，表演端庄秀丽，稍有女性的羞涩之感。

马友仙的唱腔耐人寻味，既不失秦腔的原有风格，又给人一种耳目一新的感觉，使秦腔旦角唱腔适应了时代的发展要求，她对发声的改进和唱法的创新，为秦腔旦角唱腔的发展做出了重大的贡献。

2007 年，马友仙入选为第一批国家级非物质文化遗产项目秦腔代表性传承人。

## 艺术人生

### 为戏而生，天才少成

和同时代的戏曲演员相比，马友仙属于成功较早的，她小小年纪就已经蜚声戏坛。当年戏剧团的专家们说：“这个孩子天生就是当名角的料。”

马友仙为什么会爱上唱戏？这可能跟她有一个爱看戏，也爱唱戏的父亲有关。马友仙的父亲是早年在咸阳古渡口做木材生意的商人，会写会算，还会弹三弦。父亲常带着马友仙去咸阳大众剧团看戏，他们总是坐在前一两排的位置，几个小时的戏，马友仙能目不转睛地看到终场。舞台上的世界马友仙不懂，但台上演员的一颦一笑和古典丝竹的起承转合，却把戏曲神秘的种子深深地植入了她的心里。

马友仙 7 岁时父亲去世了，家里的生活急转直下，母亲不仅要抚养四个孩子，还要天天去地里干农活儿。刚上小学二年级的马友仙，每天的主要任务是照顾弟弟妹妹。这样的日子没过多久，咸阳大众剧团来学校招学生，彻底改变了马友仙的人生。

从小就爱跳爱唱的马友仙，生怕自己年纪小剧团不招收，就把自己的年龄多报了两岁。招考时，拉板胡的老师让马友仙唱几句戏文，马友仙说不会唱戏，老师问她会不会唱歌，马友仙就唱起了《秋收》，“九月里九重阳，收呀么收秋忙……”老师说不错，就这样把她收下了。

年轻时的马友仙

马友仙：咸阳大众剧团的前身是益民社老戏班，培养过不少著名的秦腔演员，有任哲中、王秀兰、查俊卿、华新中等，能在这样一个有实力的剧团当学员，起点就不一样。

学员苦练基本功是必不可少的。黎明即起，走身架、练腰腿、翻跟斗、吊嗓子、背戏文……这一切对于一个七八岁的孩子来说无疑是艰苦的，但马友仙却觉得内心有很多快乐，因为她不再是家里的负担，剧团里管吃、管住、管学习文化知识，每个月她还会有少许的零用钱。20 世纪 50 年代初，开始领工资的马友仙把发到手的 50 元钱全部给了母亲，母亲用这笔“巨款”给家里买了辆架子车，这在当时的农村无疑是“奢侈品”，马友仙觉得唱戏真好，因为唱戏她才有了为家里解决困难的能力。

演戏有主角和配角，也有跑龙套的，有多少演员终身都与主角无缘，然而马友仙刚一登台就是主角。

1954 年，刚满 10 岁的马友仙第一次登上舞台，她在《柜中缘》剧中扮演主角许翠莲。剧中的许翠莲将落难公子李映南藏在自家的柜子中，当许翠莲的哥哥要在柜子中取东西时，许翠莲要蹦上柜子，压住柜子不让哥哥取。当时的马友仙年龄小个子低，蹦不上柜子，还是管前台的老师把她抱上柜子的。她那清丽动听的一段段唱腔，博得了观众一阵又一阵的热烈掌声。当时咸阳市都轰动了，一个 10 岁的小女孩像模像样地把整个《柜中缘》演了下来，真是了不起。

在咸阳大众剧团，12 岁的马友仙就已经开始挑大梁了。在《蔡文姬》《软玉屏》《翰墨缘》《九连珠》等剧目中她都担任主要角色，清晰的吐字，高亢、清脆的音色，让小小年纪的马友仙红遍了咸阳。

**传统现代，兼收并蓄**

1960 年，陕西省首届青年戏曲演员观摩演出在西安举行，这不是一般的汇报演出，这里汇集了 600 多名戏曲演员中的尖子。观众席前排就座的，有陕西省和西安市的领导，有著名的秦腔演员、秦腔导演，他们用权威的

马友仙《白蛇传·断桥》剧照

目光，审视着，期待着。俊秀的扮相，精巧的步法，飘洒的身段，清亮中透出一股力度和气度的嗓音……马友仙一出《白蛇传·断桥》震惊四座！上海唱片社还为马友仙灌制了《白蛇传·断桥》的唱片，这一年，马友仙还不满 17 岁。

在观摩演出结束之后，陕西省戏曲研究院把关注的目光转到选拔的行动上。为了慎重起见，戏曲研究院抽调专家组成考察组，对咸阳大众剧团的全部旦角演员进行考察，所有演员都演《白蛇传·断桥》一出戏，演完后考察组一碰头决定把马友仙调入戏曲研究院。一直在咸阳大众剧团本本分分演戏的马友仙，根本没有“攀高枝”的想法，听到要调她去戏曲研究院时很是惊奇，但等省里文化部门找她谈话时，她只是说：“我是一个共青团员，我服从组织安排，组织让我去哪儿，我就去哪儿。”

马友仙：我在大众剧团工作了8年，对大众剧团有很深的感情。那几年，我和大家一起排戏，一起演出，几辆马车把戏箱、道具和铺盖卷儿一拉，演员们就跟着走，有时候还要连夜走，我年纪小，走着走着就打盹了，就拉着解培元团长的衣襟走。走到目的地，我们往麦草堆上一靠，就睡过去了。下乡时我们住过寺庙，住过马圈，马圈里铺上麦草就是地铺……

马友仙刚调入戏曲研究院不久，院里就决定排演历史剧《谢瑶环》，当时的院长马健翎和总导演史雷在好学的马友仙身上看到了很强的可塑性，几乎是毫不犹豫地选择了马友仙扮演主人公谢瑶环。在名角如云的戏曲研究院，由一个初来乍到的17岁孩子担任大剧《谢瑶环》的主角，这无疑是爆炸性新闻。不忿的人很多，有找院领导告状的，还有去文化厅反映情况的，但是戏曲研究院的领导还是坚持量才使用，不论资排辈。

马友仙没有辜负所有人的期望，《谢瑶环》只排演了一个月就搬上了舞台，演出之后，场场爆满，场场掌声如雷，全国各地不少院团都来观摩学习。马友仙演出了谢瑶环的侠骨柔肠和英雄气概，大大超出了她这个年龄对此角色的驾驭能力，她的表现力令老演员们心服口服。

马友仙10岁登台，在她20岁前，几乎把所有秦腔传统剧目演了个遍，《红楼梦》中的林黛玉、《王宝钏》中的王宝钏、《软玉屏》中的魏纫秋……戏戏有马友仙，戏戏是主角。

马友仙：过去在农村演戏，到一个地方一般要演十几天。场场要换戏，不能重样，有时一天演两场戏，有时一天演三场戏，早上画上妆一天都不能卸，喝口水就上台，到后台随便一个地方都能睡着，到你的戏了，一骨碌就起身上场。

没承想，演了十几年传统戏的马友仙，在现代戏的表演上又是一把好手。

1970年，全国都在大唱样板戏，戏曲研究院组织专家和演员去北京观摩学习，回西安后就开始排演秦腔版的《红灯记》。马友仙扮演剧中主角李铁梅被排在第四组，别的演员排戏时，她也在旁边悄悄地练。马友仙的爱人、著名秦腔导演李继祖对她说："你能不能别往跟前凑，你能不能不要练?"马友仙知道爱人是好心，也知道别人说她古典戏演得太多了，演不好英雄人物和革命形象，不能让她演李铁梅。但马友仙就是不死心，她觉得自己是个演员，是个共青团员，就算被分配到第四组也要练，安排她上她就上，不安排她上也不去争。

《红灯记》排演结束后，戏曲研究院的领导们聚在一起审查节目，陕西省委的一位领导也到了现场，几个组的"李铁梅"一遍一遍地上场，到了最后，省委的领导问还有没有"李铁梅"，他要再看看。戏曲研究院的领导只好把第四组的马友仙喊上场，一折戏演完后台下一片掌声。当天，贠宗翰演李玉和，马友仙演李铁梅，阎冬贤演李奶奶，全本《红灯记》隆重登场。马友仙战战兢兢地一场一场地演到落幕，当听到舞台下的掌声时她知道自己成功了。马友仙在此剧中的经典唱段在陕西戏迷中间传唱了几十年，如今在西安的城墙根，在陕西民间的各个自乐班里，只要板胡一响，你总能听到"听奶奶讲革命……"。

《红灯记》剧照(马友仙饰李铁梅)

如果说《红灯记》是马友仙现代戏的一个经典，那么秦腔版《洪湖赤卫队》则是马友仙的另一个经典。

当年戏曲研究院准备把歌剧《洪湖赤卫队》改编成秦腔版。挑选演员时，主角的首选仍然不是马友仙，但马友仙没有放弃，她暗下决心要从提高自身素质练起。戏曲研究院的闫冬妮当过兵，马友仙就虚心向她请教，了解解放军应该怎样走路，怎样背枪，怎样举手投足。马友仙把自己当成了剧中的韩英，站在韩英的角度体验一个被共产党解救出来的苦难者，自愿加入党，受党的教育，成为党的干部，又甘愿为解救劳苦大众抛头颅、洒热血。马友仙想到了自己，是党培养了自己，把自己从一个不懂事的小女孩一步步培养成可以为党做贡献的文艺工作者。马友仙把自己的内心世界和韩英的内心世界融汇在一起，当她站上舞台，面对聚光灯时，感觉自己已经是一个经过烈火锤炼的坚定革命者，完全不是许翠莲，不是谢瑶环，更不是哀哀怨怨的王宝钏。

马友仙在秦腔版《洪湖赤卫队》中的表演又是大获成功。

陕西省艺术研究院院长丁科民：秦腔版的《红灯记》《洪湖赤卫队》是经典，唱段更是经典，啥时候听起来都能勾起我们的回忆，总会使人激动。马友仙先生用大无畏的气质充分演绎了李铁梅、韩英的英雄气节，淋漓尽致，没有间隙。

**秦腔艺术代代相传**

马友仙：以前我的师父们对我是非常无私的，他们教给我的不只是艺术，还有身为秦腔人的责任感。他们是怎样对我的，我就会怎么对后辈，秦腔就是这样代代相传的，相信后辈们也会如此。

在授徒方面，马友仙毫不藏私，给很多后起之秀，如李梅、李娟、柳萍等排演过《谢瑶环》《白蛇传·断桥》和《五典坡·三击掌》等，她的许多徒弟现在都可以独当一面。

马友仙：为了艺术事业，为了秦腔事业，我可以奉献自己的一生。我

马友仙带着徒弟们排练



会不断地学习，努力地学习。

1992年，马友仙获得了“发展文化艺术突出贡献奖”，被颁发政府特殊津贴证书。1993年，在陕西秦腔流派选拔赛中，马友仙的艺术风格被誉为“马派”艺术风格。

## 技艺展示

《红灯记》是八大样板戏之一，是秦腔经典保留剧目。

主要剧情：在抗日战争时期的东北敌占区，党的地下工作者李玉和接受了向柏山游击队转送密码的任务。但由于叛徒的出卖，李玉和惨遭日寇杀害，女儿李铁梅继承父志，将密码送上山，游击队歼灭了追赶李铁梅的日寇。

秦腔《红灯记·痛说家史》欣赏

武红霞（饰 李奶奶）：师承秦腔表演艺术家马友仙，国家一级演员，现就职于陕西省戏曲研究院秦腔团。

朱曼（饰 李铁梅）：师承秦腔表演艺术家马友仙，主攻刀马旦、青衣，现就职于陕西省戏曲研究院秦腔团。

## 技艺教学

**秦腔《白蛇传·断桥》唱腔教学**

马友仙音质清脆、嘹亮、高亢，素有“秦腔百灵鸟”之称，她将歌唱技巧融入秦腔的演唱之中，与秦腔优秀的传统声腔板式有机结合，形成了自己独特的演唱风格，做到了字正腔圆，声情并茂，韵味十足。

秦腔《白蛇传·断桥》唱腔教学

柒

# 秦腔·马蓝鱼

飞天美神，火中凤凰

我一直觉得，一定要演出让群众喜闻乐见的作品，因为这种作品才是被赋予了生命的。文艺作品不能脱离时代、脱离创新，而应该百花齐放，百家争鸣，吸收各家之所长。

——马蓝鱼

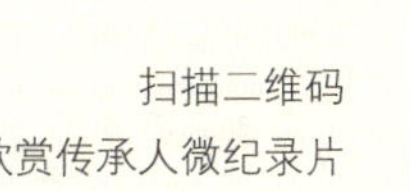

扫描二维码
欣赏传承人微纪录片

《白蛇传》剧照（马蓝鱼饰青儿）

## 项目背景

**秦腔——刀马旦**

刀马旦是传统戏曲中旦行的一种，刀马旦主要演提刀骑马、武艺高强的女性，身份大多是元帅或大将，因此以气势见长。刀马旦在表演上唱、念、做并重，虽也需要开打， 但打斗场面不如武旦激烈，而是较重身段，强调人物威武稳重的气质。刀马旦是戏曲旦行中的另类，不矫揉造作，不脂粉缠绵，多的是阳刚，透的是英气，巾帼不让须眉，刀枪剑戟无所不能。

马蓝鱼全面掌握了秦腔的青衣、花旦及刀马旦的表演技能、技巧，塑造了一系列成功的舞台艺术形象，形成了质朴细腻、刚柔相济的表演风格，尤以吹火堪称一绝，有“火凤凰”之称。

2018 年，马蓝鱼入选为第五批国家级非物质文化遗产项目秦腔代表性传承人。

## 艺术人生

### 骨子里的“红色基因”

已经 80 多岁高龄的马蓝鱼，思维依然很活跃，她回忆起往事仍是清清楚楚，逢人就会说起当年解放军把她救下来的事情。

马蓝鱼小时候的家在陕西榆林镇川堡，这是榆林到延安、关中交通要道上的一个重要的商品集散地和客商云集的大码头，很是热闹繁华。然而，马蓝鱼的家里却很苦，母亲患病，弟弟还小，她每天最重要的事就是给家里挑水，挑水的地方离家很远，10 岁的她一路磕磕绊绊，一担水挑回家也只剩下小半桶。她常常还要到山上捡柴火，有一次捡完柴火借了邻居家的斧子劈柴时，不小心劈到手指头，血流不止。母亲想给她把伤口包上，可在家里找不到一块干净的布，只能随便找块布头裹上，结果伤口很快感染化脓了。镇川堡的附近驻扎着解放军，解放军卫生所的医生看见了马蓝鱼受伤的手指，关切地问她怎么了，马蓝鱼却不好意思地说没事。医生一把把她抱起来，到了山上的卫生所，“强行”给她清洗手上的创口，并上了药。几天后，卫生所的医生又找到她家里给她换药。换了两次药后，马蓝鱼的手指痊愈了。

年轻时的马蓝鱼

马蓝鱼：要不是共产党，不是解放军，我的手就保不住了，伤口感染，命能不能保住都不好说。

1948 年，已经进了陕甘宁边区民众剧团的马蓝鱼和其他几个小演员得了疟疾，在卫生所拿药吃了不管用，心急火燎的马健翎团长专门给边区的首长打了报告，首长给他们特批了几针特效药。孩子们打完针睡下后，马团长一直守在床头，生怕孩子们打针后会有什么不良反应。

马蓝鱼：我们醒来后，马团长就说把他担心坏了，他怕我们醒不来。党的干部真的好，所以我常说，我这一条命是共产党救来的。

共产党好，毛主席和解放军亲，这样的思想从小就在马蓝鱼的心里扎下了根，形成了她为秦腔事业无怨无悔、不懈奋斗的红色基因。

**戒骄戒躁，把戏演好**



马蓝鱼的家乡是革命老区，她有更多的机会接触进步的新戏剧。她八九岁的时候，只要边区的剧团来演出，她就会站在最前边，一动不动地把戏看完。

马蓝鱼：那时候也不知道这就是秦腔，反正觉得好看得很，就站着不走，看完戏把演员都送到住的地方我才回去，就爱到这种地步。我 12 岁那年，民众剧团来招生，我爱这一行，当时一定要去报名。我母亲不太愿意，我就哭，非去不可。

进了民众剧团，首门功课就是练功。虽然很辛苦，但马蓝鱼觉得比她去上坡捡柴火、下沟担水强多了。入团三个月后，马蓝鱼在“娃娃队”里脱颖而出，在“小试”中名列第一。不久，剧团根据毛主席在七届二中全会上的讲话精神，组织排演李自成的故事《鱼腹山》。小小的马蓝鱼被分配的角色是县官的夫人，第一次扮演这样一个毫无生活体验的角色，让她受了难，但也受到了锻炼。

《鱼腹山》剧照（马蓝鱼饰王兰英，1948 年拍摄于延安）

《鱼腹山》排练了三个月，登

台演出后便大获成功，群众反响非常强烈。剧团去农村演出，去被服厂和兵工厂演出，受到了极大的欢迎。工人们甚至把自己平时舍不得吃的猪肉拿出来，给剧团的演员们改善伙食。他们给马蓝鱼起了一个“小太太”的外号，说她演得真好。

民众剧团随部队转移到延安后，排演眉户剧《大家喜欢》，马蓝鱼被分配的角色是“杨娃他妈”，十二三岁的她要演一个大孩子的妈，她满心的不愿意，但领导的“这是组织分配的任务”一句话让马蓝鱼完全服从了。

马蓝鱼：这个戏我没看过，更没演过，马团长让我找个小板凳坐下，他给我教唱。一直教到晚上 12 点多，我瞌睡得实在睁不开眼。马团长就让我回去睡觉，说明早再学。

前一天晚上学戏时还在打瞌睡的马蓝鱼，第二天晚上就得登台演出了。戏台下有群众，有解放军，也有中央领导，马蓝鱼记得清楚的就有彭德怀司令。

马蓝鱼：戏演完后，领导来了，说：“娃娃们演得好，你们可不要骄傲。”我们哪顾得上骄傲，学都学不会，还敢骄傲。

如果说延安是让马蓝鱼走上秦腔道路的圣地，那么西安就是开启马蓝鱼辉煌事业的福地，而启动锁扣的“钥匙”正是著名的《游西湖》。

《游西湖》剧照（马蓝鱼饰李慧娘）

抗战胜利后，民众剧团从延安迁到西安，改名为陕西省戏曲研究院。1953 年，戏曲研究院排演《游西湖》，由马蓝鱼担任主要角色李慧娘。这出戏可以说是戏曲研究院推陈出新的代表作，汇聚了许多艺术家的智慧。光《鬼怨》这一场戏，先后就有十几位老师和导演参与了指导。马蓝鱼跟着老师用几年时间学会了秦腔表演中的绝技“吹火”。1958 年，该戏在北京演出时，梅兰芳先生站起来鼓掌叫好。1959 年，中华人民共和国成立十周年时，马蓝鱼主演的《游西湖》再度进京演出，得到中外观众的高度赞誉。

马蓝鱼表演吹火绝技(《游西湖》剧照，马蓝鱼饰李慧娘)

京剧表演艺术家梅兰芳：马蓝鱼把慧娘的悲愤心情和善良性格，在那如泣如诉的歌唱和矫捷轻盈的舞蹈中，刻画得很细致，把慧娘的英雄形象提高到了英勇高洁的峰巅。

戏剧大师曹禺：马蓝鱼极吸引人的表演把慧娘沉重的痛苦挖掘到最深处。

虽然有不少演员都演过“慧娘”，但在当时乃至现在不少观众眼中，“慧娘”就是马蓝鱼，马蓝鱼就是那个美丽、果敢、坚毅的“慧娘”。

马蓝鱼并没有就此止步，她是一个永不满足的“学习狂”，她说自己“总感觉在艺术上吃不饱”。1957 年，京剧大师尚小云先生来到西安后，马蓝鱼拜尚小云先生为师，尚小云先生手把手给她排演《昭君出塞》，并把自己用的一把宝剑和一副行头送给了她，传授给她用剑练身段的技能。

马蓝鱼(左)与尚小云先生(右)合影(1957年拍摄)

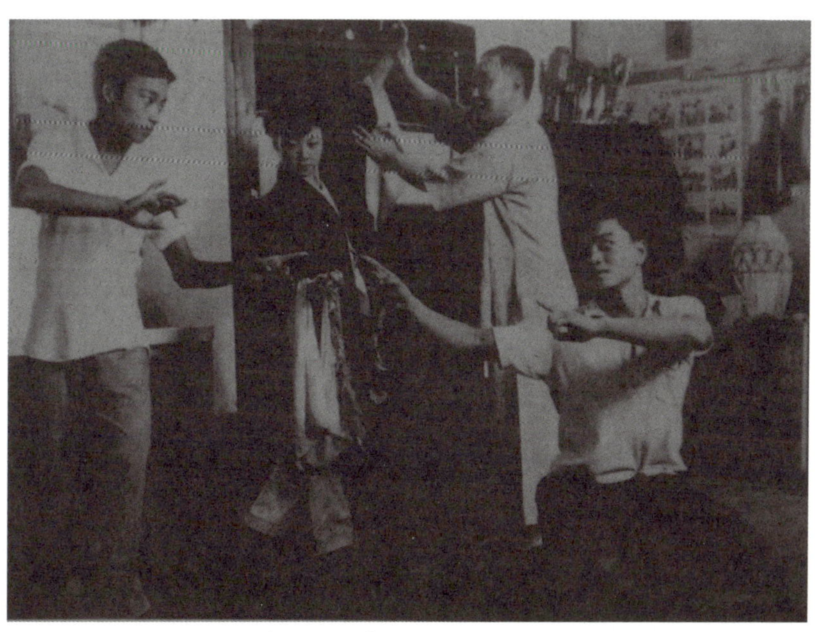

尚小云先生为马蓝鱼排演《昭君出塞》

**一腔深情育桃李**

1966 年，马蓝鱼 30 岁，对戏曲演员来说正是金子般的年华。然而，在特殊年代，她的戏曲舞台生涯被击得粉碎。1972 年，重回西安的马蓝鱼转到幕后，义无反顾地投入到戏曲教学工作中。秦腔的现状让她意识到必须有一个专门培养学员的机构（学校）为秦腔培养和储备人才。

从马蓝鱼提出建立艺术学校的建议到 1979 年陕西省戏曲学校成立，马蓝鱼经历了诸多波折，但让她欣慰的是，她的设想和愿望终于变成了现实。有了学校，有了讲台，马蓝鱼便把自己的一招一式悉心地传授给自己的学生。从学生的身上她看到了自己当年的影子，她也像马健翎团长和她的老师们教她的那样，不计名利，甘为人梯，她培养的好几个学生都已经成为陕西戏曲界的领军人物。

陕西省秦腔艺术研究会名誉会长张西园：马蓝鱼早年奔赴延安，用文艺形式投入解放事业，为秦腔事业奋斗不已，奉献自己。她不仅仅是一位艺术家、教育家，还是一位革命家，不懈的奋斗者。

马蓝鱼(左)给学生齐爱云(右)排演《游西湖》

## 技艺展示

《宇宙锋》剧照（马蓝鱼饰赵艳容）

《宇宙锋》是中国戏曲的传统剧目，也是众所周知的梅派高难度经典剧目，是梅兰芳先生付出心血最多的剧目之一。秦腔《宇宙锋》为马蓝鱼的代表剧目之一，由梅兰芳先生为其亲排，马蓝鱼又将此剧传授给了自己的得意弟子齐爱云。

《宇宙锋》中的主角赵艳容，时悲时喜，时而幽默疯癫，时而高贵惊艳。“装疯”是精髓所在，演轻了会浮在表面，观众会觉得没入戏、不够味，演重了又会过火、让人觉得很假。

齐爱云对赵艳容的诠释，可谓用心良苦，入戏入情。端庄时，神情沉静，眉目含情。装疯时，痴痴傻傻，步履踉跄，眼神懵懂中带着一丝顽皮，像个“不省事”的孩子。悲愤时，杏目倒竖，眼睛里仿佛装满了冰雪，寒意凛冽。她将一个既疯疯癫癫又高贵娇媚的赵艳容演得入木三分。

秦腔《宇宙锋》欣赏
（齐爱云饰赵艳容）

## 技艺教学

### 慢卧鱼教学

卧鱼是戏剧演员的基本功之一，因动作似鱼儿在水中静止不动而得名，多用于表现女性角色柔美娇媚的形象。

马蓝鱼在《游西湖·鬼怨》中独创的“慢卧鱼”技艺，要求演员的双臂曲肘平放在胸前，同时保持双肩不动，身体缓缓由立而卧，再由卧而立，对演员身体的柔韧性、腰腿力量、平衡能力等均有较高的要求。

慢卧鱼教学

捌

# 让汉调桄桄在汉水两岸响起

# 汉调桄桄·李天明

过去都说唱戏的是最被人看不起的，但是我们能去北京演出，能跟国家领导人见面，就说明大家看得起我们。国家提倡保护、传承汉调桄桄，有国家的支持，我觉得很骄傲。

——李天明

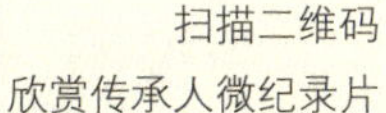

扫描二维码

欣赏传承人微纪录片

李天明在田间地头表演汉调桄桄木偶戏

## 项目背景

**汉调桄桄**

汉调桄桄又称汉调秦腔、桄桄戏，是明代末年关中秦腔传入汉中地区与当地方言和民间音乐结合而形成的梆子声腔剧种，主要流传于陕西南部的汉中、安康一带，还曾流传到川北、陇东、鄂北等地。

汉调桄桄有大戏、小戏之分。大戏为真人演唱，小戏则为杖头木偶戏。汉调桄桄的唱腔既有秦腔的高亢激越之美，又有陕南地方音乐优雅柔和的特点。汉调桄桄杖头木偶戏的主奏乐器是板胡，但梆子击节发出的“桄、桄”之声却是汉调桄桄名称的由来。汉调桄桄杖头木偶戏的表演比其他剧种更难之处就在于对木偶的灵活操控，表演者要通过手臂的力量，将控制木偶的几根木棍巧妙地摆动，呈现出生动的舞台动作。因此，传承汉调桄桄，需要老艺人口传心授地耐心指导，更需要年轻人坚持不懈的执着态度。

汉调桄桄杖头木偶戏很有个性。一是有明显的原生态性，唱腔正宗，表演原汁原味；二是传统剧目丰富，板腔音乐完整；三是群众基础深厚，人们喜闻乐见，“吃面要吃梆梆子，看戏要看桄桄子”是陕西汉中洋县老百姓的口头禅。汉调桄桄杖头木偶戏对研究我国戏曲艺术、地方剧种演变规律、汉水上游民俗、群众文化的特质及人们的审美情趣等诸多方面都有着重要的意义。作为非遗大师，李天明先主攻旦角，之后全面掌握生、旦、净、丑各类角色的演唱技巧，能依据演出需要随时变换角色，一人能胜任一本戏中的众多角色演出，是难得的“全把式”。



2006 年，经中华人民共和国国务院批准，汉调桄桄被列入第一批国家级非物质文化遗产名录。

2008 年，李天明入选为第二批国家级非物质文化遗产项目汉调桄桄代表性传承人。

## 艺术人生

### 好心人的一句话

汉中洋县是一个在全世界都有名气的地方。20 世纪 80 年代，科学考察队在洋县一个叫姚家沟的地方发现了全世界仅存的七只野生朱鹮。洋县还有个谢村镇，谢村镇出产的谢村黄酒据说有三千多年的历史，人称“南有绍兴加饭，北有谢村黄酒”。李天明的祖祖辈辈就生活在谢村镇的小池村，村子的周围有着大大小小不少的池塘，每到傍晚时分，都能看到池塘里的鱼跃出水面，但李天明却很少吃到鱼，因为家里很穷。李天明十一二岁的时候就开始帮家里干农活儿，割草、喂猪、帮别人家放牛，或者背着背篓去捡柴火。李天明小小年纪就干了许多超过自己体力的农活儿，干得不好还会挨打受骂。村里的一个婶娘看不过去，觉得这么小的娃太可怜了，她对李天明说：“我给你找个地方，去县里的木偶剧团。”婶娘的父亲是洋县桄桄（木偶）剧团的老艺人，通过他搭线，李天明见到了剧团的领导王长年，王长年让李天明唱了几句歌，就决定把他留下来。

李天明：人的一生有时候真的很奇妙，别人的一句话可能会把一切都改变了。要是没有那个婶娘，我不敢想象我后来能做什么。

虽然后来在选择职业上李天明还曾经有过几次反复，但最终还是留在了洋县桄桄（木偶）剧团。在剧团里，他一边跟着师父学戏，一边去乡下演出。去乡下都是走路，他把铺盖卷儿背上，跟着师父一前一后走着，师父教着戏文，他复述着，用心记着。师父坐着休息时，他就背戏文，忘了的地方，师父提示一下，提示到第四次还背不下去的时候就得挨师父的烟袋锅。

李天明没有上过学，剧团里的艺人大多数也没念过书。他们唱的桄桄戏是没有剧本的，就算有剧本大家也不认识，只能由师父一句一句像燕子喂雏似的口口相授。

**桄桄戏昔日的风光已不在**

随着社会的不断发展变化，汉调桄桄木偶戏在洋县农村一枝独秀的现象不复存在了。李天明非常怀念20世纪六七十年代桄桄戏大受欢迎的情景。

李天明给木偶调试甩发

李天明表演汉调桄桄木偶戏



李天明：那个时候，洋县老百姓喜爱桄桄戏，我们演出就比较频繁。一场接着一场演，甚至还发生过村与村之间的争执，抢着搬戏箱……我们往往是正月出门，一直演到夏天收麦子，麦子收完又出去演，演到秋天收谷子，收完谷子再演到腊月。

有一件事让李天明记忆犹新。那次他们剧团下乡演出，正逢天旱，收了麦子后，红薯苗栽不下去。村里人说："唱唱大戏来祈雨，剧团唱多久都没关系。"李天明说："那就演《唐王游金湖》，这出戏讲的是唐王和龙王斗法的事情。"戏演了四个小时，演完后当天晚上就下起了大雨，村民们很高兴，说什么都不让他们走，雨断断续续地下了半个月，他们时演时不演地在村里住了半个月。

几十年来，桄桄（木偶）剧团给老百姓带来了很多欢乐，这是李天明很欣慰的事情。

**谨记师恩，不忘初心**

李天明没有进过学校，后来的一点儿文化知识是他进了剧团后才学到的，他凭着自己的勤奋与刻苦学到了几十部本戏的唱词和杖头技艺。

李天明不太会说自己学戏的苦楚，常常挂在嘴边的是教他的师父穆春华和李德山。

李天明：我们剧团人少，不能分得太细，通常一个人得会好几个行当，遇到什么就得会什么，像穆春华老师，既能唱花脸，唱小旦，还能唱老生，也能打鼓。他的鼓打得很好，可以边打鼓边唱。他从小学艺，演大戏出身，所以他的戏很多。

李天明的师父们对他都很好。李德山老师除了给李天明教戏之外，在生活上也很关心他，上街买吃的时，也会给李天明带一些，李天明的鞋子破了，会找人给他做一双。李天明之所以能学会那么多戏，都归功于师父们无私的传授。后来，李天明教学生时，也像师父当年教他那样，毫无保留。

然而，汉调桄桄早已失去了当年的风光，随着社会的发展，丰富多彩

李天明细心地整理木偶

的娱乐节目让人们有了更多的选择，人们足不出户就能从各种媒体上看到全国乃至全世界精彩的演出。汉调桄桄的观众少了，剧团也解散了，李天明成了为数不多仍然坚持演汉调桄桄的民间艺人。他把几个徒弟视若亲人，总是不厌其烦地给他们教着每个动作、每句唱词，他最大的希望就是把汉调桄桄的“根”留住。

为了保护、传承汉调桄桄这一艺术瑰宝，洋县政府把汉调桄桄表演及杖头木偶道具制作艺术引进校园，李天明定期去学校给孩子们辅导，看着孩子们亲手制作杖头木偶道具时的那份专注，听着孩子们唱出汉调桄恍苍劲古朴的韵味，他非常满足。

2007 年 6 月 9 日，李天明在北京中华世纪坛表演汉调桄桄木偶戏

李天明在洋县当地学校的“汉调桄桄小戏台”教授学生

## 技艺展示

汉调桄桄的念白发音以汉江上游地区方言为基础，略带关中语音，表演上追求夸张洒脱、大方明快的风格。在长期的演出实践中，汉调桄桄既保留了秦腔高亢激越的特点，又融入了川剧和汉调二簧柔和婉转的艺术风格，唱腔刚柔并济，旋律浑厚简朴。

汉调桄桄《夜打登州》欣赏

## 技艺教学

### “挑水换肩”绝技教学

汉调桄桄杖头木偶戏“挑水换肩”绝技的重点是考察演员操作杖头木偶的熟练程度，通过木偶的形体动作表现剧中人物难以承受水桶重压，不停换肩歇息的形象。演员要使晃悠着的水担随着音乐节奏起伏，并将水桶的平衡把握得恰到好处，操作自如。

“挑水换肩”绝技教学

玖

# 靖边跑驴·张有万

塞上秧歌动地舞，跑驴独属张有万

我从小就爱民间艺术，早在七八岁的时候就参加村里的闹秧歌，穿着露毛的破皮袄装小丑，把骡子脖子上戴的铃铛挂在自己的胸前，还跟在吹鼓手队伍后面当鼓手，大人们吹个什么调调，我就跟着打个什么鼓点，师傅们说我手快，所以不管去哪里都愿意带着我。

——张有万

扫描二维码
欣赏传承人微纪录片

张有万（前排中间）表演跑驴



## 项目背景

### 靖边跑驴

靖边跑驴是陕西靖边社火中的一种歌舞形式，在民间有“骑毛驴”“耍驴儿”“拉犟驴”“赶毛驴”等俗称，主要流传于靖边的乡镇。

跑驴表演技巧丰富，风格独特，充满生活情趣。通常用钢筋、铁丝焊接“驴”框架，加上可以转动的“轴承”，下有支架和 4 个小轮子，用电灯泡做眼睛，以兔皮、驴皮、驴耳、驴尾等不用加工的原料进行装饰，使“驴”成为“活道具”。它不仅可以完成动耳、摇尾、眨眼、张嘴等动作，还可以协助表演者完成“旋转 360° 倒骑”“落鞍下驴”“双人同骑驴”等高难度动作。靖边跑驴一般尾随秧歌队在行进间即兴表演，主要特点是将驴拟人化，表演时传神、传情、诙谐、幽默，充分展现出民俗艺术的魅力和观赏性。

靖边跑驴具有浓郁质朴的乡土风情和生活气息，体现了当地独特的地理环境和悠久的历史，具有社会学、民俗学等研究价值，是陕北地区的代表性艺术表现形式。目前，这一独特的民间舞蹈已处于濒危状态，亟须保护和传承。

2008 年，经中华人民共和国国务院批准，靖边跑驴被列入第二批国家级非物质文化遗产名录。

2009 年，张有万入选为第三批国家级非物质文化遗产项目靖边跑驴代表性传承人。



## 艺术人生

### 干一行，成一行

张有万生于 1943 年，那个时候的陕北农村几乎家家都很穷，没有几家能吃上饱饭，有九个孩子的张有万家的光景就更没法说了。张有万父母的全部心思都在坡上，只要能多种点儿粮食，让家里的孩子们不饿肚子，他们就心满意足了，从未想过孩子们的上学问题。到了上学的年龄，张有万不像村里别的孩子那样只知道玩耍和薅草，他想上学。但他也只是想一想而已，在父母面前一个字都不敢提。村里面光景好的一户人家为五个孩子专门从梁镇请了老师，张有万就去“蹭课”，老师讲课时，他就用舌头把窗户纸舔湿，用手指戳个窟窿看，老师教多少他就能在外面学多少。

张有万：窗户纸捅烂了，老师就出来找了，问我都听到了什么，我说老师教的我都能背下来。老师见我喜欢念书，就找到我父亲说：“让你这个娃娃来念书，我不收钱，你这个娃娃是个好娃娃。”我父亲说：“这个娃娃得放牛、割草，不能去。”父亲知道我趁着放牛的时间去听课，还打了我。

张有万 15 岁才开始上学，因为他有“蹭课”的基础和灵性，小学上了没几年就跳级到了六年级。小学毕业后，上了靖边中学的张有万由于成绩优异，很快便被保送到了榆林师范学校靖边分校。当时榆林师范的学制是两年，由于家里困难，张有万不得不提前半年离开学校，回到村里的小学任代课教师。半年以后，张有万又被调到梁镇信用社当了通信员。在信用社里，张有万认识了做木匠活儿的党海旺。党老师问他当通信员一个月挣多少钱，张有万说十几块钱。党老师撇了撇嘴说："一个月十几块钱还能过活？什么时候能娶上媳妇？来跟着我干吧"。

张有万：我跟着党老师学木匠手艺，四十多天就出师了。走乡串户，逢活儿就干，一干就是十三年，给周围的乡邻们做过无数个箱柜门窗，给靖边县宋渠村盖过供销社，给吴起县周湾镇砌过仓库，给定边县砖井镇建过油坊……

张有万聪明过人，干啥成啥，无论是当通信员还是当木匠，无论活计多苦多累，只要有闹秧歌的，他从来没有因为自己的事而落下过。

**不断钻研，钟爱"跑驴"**

在陕北这块辽阔的黄土地上，只有毛驴能够适应在坎坷的土路上行走。千百年来，用毛驴娶亲是陕北的一大特色。娶亲讲究的是在中午 12 点前必须将新人娶到家，所以娶亲的队伍总要早早出发，如果路远，半夜就得出门。

跑驴表演

张有万：我8岁那年，也跟着娶亲的队伍走，路长了走不动，好心的大人们就把我放在驴屁股上和新娘子同骑一头驴。山路崎岖，我就跟着新娘子在驴背上一起摇啊摇的，后来我扭秧歌跑驴时总是能找到骑驴的感觉。

1976年，靖边县物资局要筹建木器加工厂，张有万因为木工技术好而被招收，成了技术骨干。1978年春节，靖边县要举行全县秧歌会演，物资局属于财贸系统，财贸系统的秧歌队领队张景兴知道张有万是个秧歌迷，特意找到他，商量如何让财贸系统的秧歌更出彩。张有万想：别的秧歌队大多是骑竹马，即便有骑驴，动作也很简单，要想出彩就必须在出新、出奇上下功夫。

张有万：我白天也琢磨，晚上也琢磨，后来凭着自己多年当木匠的好手艺，自制了表演道具——木模毛驴，就这个别致逼真的道具，别的秧歌队就拿不出来。道具做好后，我就开始琢磨表演形象，我平时很注意观察不同人在田间、山路和平路上骑毛驴的形象，还专门模仿妇女骑驴的姿势练习跑驴，把生活中的形象融入表演中。

跑驴道具

在当年的秧歌会演中，张有万的跑驴成了一道亮丽的风景线，靖边县财贸系统的秧歌队也因此获得了第一名。

春节秧歌会演的东风把张有万“吹”成了“张毛驴”，从此，他真真正正地“跑”向了“跑驴”路。被人们亲切地称呼为“张毛驴”的张有万并不满足他已有的成绩，他不仅平时注意观察，而且把驴的各个动作细化，分解为散走、急走、小跑、快跑、撒欢、上山、下坡、尥蹶子、卧倒、起身等动作，使跑驴表演形象逼真、可爱传神。每逢张有万演出，观众们总是乐不可支，赞不绝口。

**民间艺术的发展是无止境的**

20 世纪 70 年代末，跑驴表演大获成功后，张有万有了更多的想法，他开始把简单的秧歌表演改编成秧歌剧。

张有万：1978 年，我自编自演了秧歌剧《老两口参加三干会》，讲的是夫妻二人被评为劳动模范后去县里参加干部会的情景，这部剧参加榆林地区民间文艺会演得了一等奖。后来，我排演的秧歌剧《探亲路上》参加陕西省文艺调演也得了一等奖。

《老两口参加三干会》剧照（左为张有万）

1988 年，张有万在俄罗斯莫斯科表演跑驴



张有万凭着自己对生活和艺术的深情与热爱，总是着力于对民间艺术的挖掘和提升。1983 年，榆林市文化局组建榆林民间艺术团，鉴于张有万在民间舞蹈“跑驴”上的影响和成就，破格把已经 40 岁的张有万调入了艺术团。

进入艺术团后，张有万全身心地投入到文艺创作之中，为了能把节目演好，演得更形象逼真，他不断地琢磨改进，取得了可喜的成绩。张有万根据陕北民歌《兰花花》的爱情故事创作了《拉毛驴的小女婿》，之后还创作了骑驴娶亲场景的舞蹈喜剧《娶亲》。他根据民间传说《张果老倒骑毛驴》创作的舞蹈《蓝采和嬉戏张果老》获得了陕西省优秀舞蹈创作奖。1987 年，张有万的“跑驴”参加陕西省第一届艺术节，获得了表演一等奖和道具奖，并得到了专家们的一致肯定。

在荣誉面前，年近八十的张有万并没有停下自己的脚步，他仍在榆林市靖边跑驴传习所孜孜不倦地教导徒弟，传授跑驴和其他陕北秧歌技艺。

张有万：我跑了一辈子驴，得到了专家和群众的肯定，我不能“尥蹶子”，我得继续往下跑，将这门技艺不断地传承下去，给人们带来更多的欢乐。

## 技艺展示

靖边跑驴不受秧歌队及鼓乐节奏的约束，张有万常以夸张的形象、风趣的舞姿、滑稽的嬉逗、幽默的演唱道白即兴表演，抒发对美好生活的追求和向往。

靖边跑驴欣赏

## 技艺教学

**上坡步教学**

慢步闪腰、上坡步、下坡步"、过河步、小跑步、大跑步、撒欢跳等都是张有万表演跑驴的基本动作，还有“惊驴打斗”“陷泥救驴”“双人骑驴”“太平跳跃”等著名的动作组合。

在表演上坡步时，骑驴的演员双手抓住驴的缰绳，前后有节奏地晃动身体，但是要一直保持驴身前面高、后面低的姿态。赶驴的演员动作姿态要夸张，大幅度地匀速摆动双臂，双腿跨大步。

上坡步教学

拾

# 华阴老腔·张喜民

一声吼尽天下事

老腔如果不好好搞，那是要被淘汰的，现在人们知道老腔了，更得传承下去。我要吼出黄土地人民的精气神，唱出陕西人的豪迈热情，让这来自黄土地的呐喊划破长空！

——张喜民

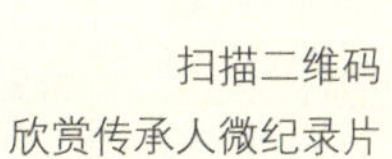

扫描二维码
欣赏传承人微纪录片

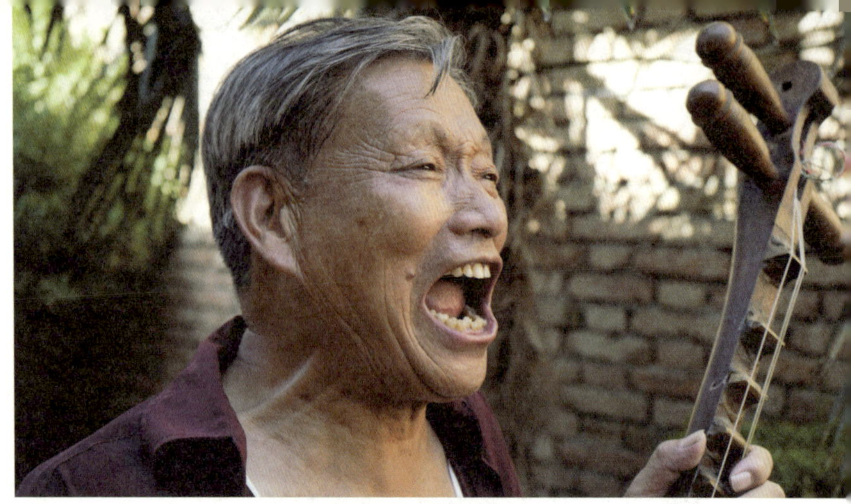
张喜民弹着月琴，吼起华阴老腔



## 项目背景

### 华阴老腔

据说，早在西汉时期，在黄河、渭河、洛河三河交汇的地方有一个军事粮仓和一个西通长安（今西安）的水陆码头，船工们每到拉船时，总有一人起头喊号子，众人紧跟着齐喊齐用力，另有一人用一块木头有节奏地击打船板。后来，这号子便成为引领众人拉船的口号，起头喊号子的人渐渐演变为主唱，跟着一起喊的众人为帮腔者。华阴老腔就这样诞生在黄河岸边，成为一种板腔体戏曲剧种。

老腔是皮影戏的一种唱腔，很长一段时期，老腔皮影戏是陕西省华阴市双泉村张姓家族赖以谋生的家族戏。由于恪守“剧本不外传、传男不传女”的规矩，老腔艺人主要集中在双泉村，演出范围也不过华阴及华县（今华州区）、大荔、蒲城等地。华阴老腔的声腔具有刚直高亢、磅礴豪迈的气魄，非常追求自在、随兴的痛快感，听起来颇有关西大汉咏唱大江东去之慨，此类表演方式也被誉为“黄土高坡上最早的摇滚”。

2006 年，经中华人民共和国国务院批准，华阴老腔被列入第一批国家级非物质文化遗产名录。

2008 年，张喜民入选为第二批国家级非物质文化遗产项目华阴老腔代表性传承人。

## 艺术人生

### “张氏”皮影班里长大的穷孩子

陕西省华阴市双泉村是国家级非物质文化遗产华阴老腔的发源地。从只在村落间传唱，到红遍大江南北，甚至走出国门；从围在皮影幕布后面的“只闻其声”，到在台前展现出陕西农民朴素情感的表演，历经沧桑的华阴老腔在华阴市华山老腔艺术保护发展中心和华阴老腔老艺人们的共同努力下重新焕发活力，而张喜民作为华阴老腔第十代传人，更是备受关注。

张喜民家里兄弟多，没钱念书，张喜民只上了两年学，十五岁便跟着父亲学唱老腔。天生的好嗓子加上自幼耳濡目染，没几个月张喜民便能上台表演了。那时候，他总是早起去村子后面的山坡上练嗓子，弹月琴，没事就熟悉剧中的人物故事，一次次尝试，直到音调与情绪、人物相符为止。父亲看他天资聪颖又勤奋好学，便培养他成为张家班的新一代主唱。

老腔皮影戏是张家的家族戏，自古以来就有口口相传的传统，一是为了保密，二是因为谱子和唱本需要老艺人的细细解释才可领会。

张喜民的家中有几沓老唱本，唱本的封面已经泛黄，边角有些破损，但每一本唱本的纸张都是舒展的，被张喜民仔细地用木板隔着，再用布包着。这些唱本是张喜民的父

张喜民抢救下来的老唱本

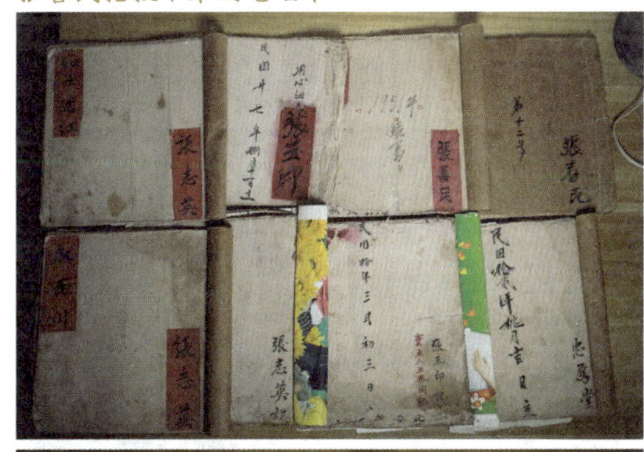

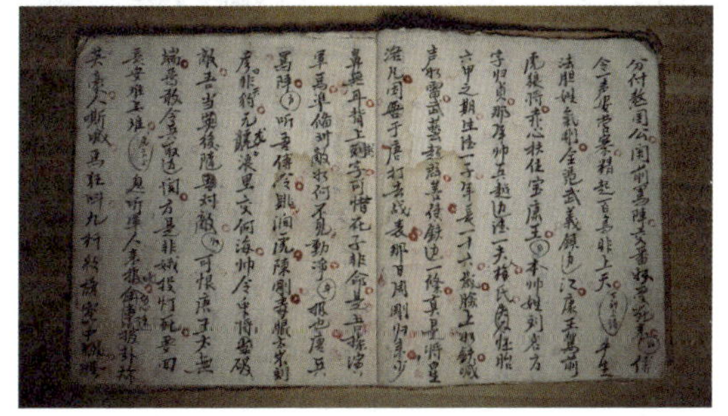

亲藏在土塬上才保存下来的，是张喜民一直珍藏的传家宝。

变声对老腔艺人来说是最大的考验，民间有“男子变声十之三四”的说法，甚至有许多名角都没能熬过这一关，因声带受损而断送了自己的演艺之路。有一次张喜民跟随班社去演出，别人拿来西瓜给他吃，没想到晚上演出时他竟失了声，被父亲厉声训斥。从此他谨记父亲的教诲，一切有刺激性的、对嗓子有伤害的食物他再也没吃过。后来张喜民的嗓子经过变声期后反而变得越发浑厚嘹亮。

**从幕后到台前**

1962 年，张喜民成立班社，取名“喜民班”，他们一行五人常在田间地头为村民们表演老腔皮影戏，一年能演出一百多场。喜民班社的演出已经

以前，老腔艺人都在幕布后面表演

成为当时最受村民们欢迎的娱乐项目。

张喜民：一台老腔皮影戏由五名艺人完成，分别为说戏、签手、帮档、后槽、板胡手。

说戏就是主唱，要唱生、旦、净、丑这些角色，面前挂着战鼓、手锣、云锣，唱的时候弹月琴，道白时敲手锣或板，战场厮杀时打鼓、打板；签手负责操作皮影，配合主唱念一些简单对白和助威呐喊；帮档也叫副签手，除了帮签手安装皮影人物和场景，还要吹喇叭，击打惊木节拍；后槽掌管梆子和钟铃两种打节奏的乐器；板胡手负责弹奏板胡。

21 世纪初，表演老腔皮影戏的艺人大多已经离世，喜欢老腔的年轻人也越来越少。2001 年冬天，喜民班社在王河村演出，下着大雪的夜里，台上的皮影戏演得热闹，台下的观众却只有三五人，冷冷清清。当时华阴市文化馆的副馆长党安华正好看到这一幕，他找到老腔艺人，提议他们从皮影戏的帘子后面走出来，让观众由“看皮影听老腔”变成“看老腔”，艺人们最后听取了这个建议。

经过一次次尝试，华阴老腔终于在 2003 年渭南市抗洪救灾文艺会演中一鸣惊人。党安华排演的老腔新剧《古韵乡趣》获得广泛好评，并被报送参加陕西省文艺会演，一下子拿了七个一等奖，华阴老腔终于迎来了自己的又一个春天。

**黄土地上的“摇滚乐”**

看过华阴老腔表演的人，可能会惊异于古老黄土地上竟诞生出这样的“摇滚之音”，每一个音掉在地上似乎都能冒出烟来。

2006 年，著名作家陈忠实的作品《白鹿原》被改编为话剧，导演林兆华想在剧中加入陕西地方戏，在陕西考察时听了张喜民的《将令一声震山川》后深受触动，决定在剧中使用华阴老腔。经过 20 天的排练，张喜民等 10 位老腔艺人在北京首都剧场共表演了 33 场，观众们都被带有浓厚陕西风情的戏剧所吸引。自此，华阴老腔开始频繁登上中央电视台。

华阴老腔和央视春晚的缘分很早就开始了。张喜民参加《我要上春晚》节目时还曾和歌手崔健搭档合作了歌曲《一无所有》，但最终因为种种原因没能登上央视春晚舞台。央视春晚节目过审不容易，在张喜民看来，一要吉利，二要有新鲜感。

2016 年央视春晚前，歌手谭维维找到张喜民。起初，他们选用的唱词是《薛仁贵征东》中的“自古长安地，周秦汉代兴，山川花似锦，八水绕城流”。在接受一家媒体采访时，张喜民告诉了记者这句唱词，没想到媒体发出来的消息却让节目出现了变数。后来他才知道，节目信息是不能随便透露的，无奈之下他只能紧急改词。几经周折，新版《华阴老腔一声喊》终于登上了央视春晚舞台。

张喜民：华阴老腔是一个很小的剧种，现在能让全国人民都知道，我心里特别高兴。唱得再好，要是没有人知道，那就等于零。

其实早在 2015 年，张喜民就带领老腔艺人与谭维维在《中国之星》舞台上合作了《给你一点颜色》，当场比赛获得了 300 名观众手中的 299 票。推荐人崔健激动地说：“你们知道你们听到的是什么吗？你们听到的是教科书级别的中国摇滚乐！是真正的中国民谣和摇滚乐结合的典范，你们是见证人！”张喜民虽然也接受“华阴老腔是中国的摇滚乐”这个标签，但他将“摇滚”和“老腔”分得非常清楚。

张喜民：不管跟什么乐队合作，老腔的唱腔不能改变，那种慷慨激昂的感觉不能丢。可以加一些中国民乐的东西，但不能做太大的改变，有些洋东西不敢加，一加就坏了。

华阴老腔在国内走红后又逐渐被全世界所关注，从 2009 年开始，张喜民与老腔艺人们先后应邀前往美国、德国、法国、澳大利亚等国家演出。在张喜民家的客厅里，摆放着他的演出照片、奖杯、证书，除此之外，在门口还有一道亮丽的风景线——张喜民这些年来收藏的参演证，这些都见证着他与老腔共同留下的足迹。对于世代务农的张喜民来说，出国的经历

张喜民这些年来收藏的参演证



让他的视野变得更宽阔，而华阴老腔在国外演出也使中国文化真正走向了全世界。

**华阴老腔代代相传**

如今，华阴老腔虽已远近闻名，但张喜民最惦记的还是华阴老腔的传承和发展。

为了能让老腔继续传承下去，之前从不外传的家戏到张喜民这儿有了改变，他打破了“剧本不外传，传男不传女”的传承戒条，只要是登门学习的人，他都耐心地教。他还开办老腔培训班，期望培养出更多优秀的传承人。

老腔艺人在北京中国国家图书馆演出剧照

张喜民：学老腔得一年多的时间，很多年轻人一看需要这么长时间，就没有兴趣学了。老腔这几年比较火，一些人学老腔的目的是去大城市里赚钱，而不是传承老腔本身。作为传承人，我还是希望能将华阴老腔好好地传承下去，不辜负这门艺术。

张喜民的孙子张猛从 2005 年开始学习老腔，为了鼓励孙子学老腔，张喜民干脆带着孙子上了台，在自己身边丝毫不出戏的孙子让张喜民倍感欣慰。

如今，张喜民最大的乐事就是劳作后在自家院子里沏上一壶茶，与老腔艺人或来学习老腔的人一起吼上一曲老腔，这种感觉让他仿佛回到了过去。老少爷们一声吼，那声声入耳的旋律、荡气回肠的唱词令人热血沸腾。华阴老腔这个弥足珍贵的民族文化遗产，必将迎来光明灿烂的明天。

## 技艺展示

华阴老腔的主要价值体现在剧史的本源性、传承的封闭性、剧种的独存性、取材风格的张扬性、音乐体系的自律性、审美对象的广泛性以及语言风格的原声性等方面。它的主旋律是船夫号子的音乐化，是艺术源于生活的见证，取材于历史战争，唱腔亢奋激越，充满阳刚之美，因而具有独特的审美价值和民族精神价值。

“女娲娘娘补了天，剩块石头成华山。鸟儿背着太阳飞，东边飞到西那边。天黑了又亮了，人醒了又睡了”“太上老君犁了地，豁出条沟成黄河，风儿吹月亮转，东岸转到西岸边，麦青了又黄了……”这些是华阴老腔《关中古歌》中的精彩唱词。

华阴老腔《关中古歌》欣赏

## 技艺教学

### 月琴弹奏教学

华阴老腔中使用的月琴和碗碗腔中使用的月琴是不同的：碗碗腔中的月琴是两根弦，老腔中使用的月琴是十品三弦，但把三根弦当两根弦用，共鸣声更强。

张喜民有两把月琴。一把是 20 世纪 40 年代制作的，很破旧，但弹起来声音依旧清亮，张喜民一般不舍得用，十分爱惜。另一把常用的六角月琴是 2000 年专门请木工做的，三根弦中的两根并在一起使用，共鸣声比较大，护弦盖上写着一行字，末尾的内容是“喜民班 1962 年成立”。

张喜民：这把老月琴的音柱是活动的，因为没有校音器，天气要是过凉或过热，就要把它的位置来回调整一下，调调音。有的部件坏了换了新的，琴面上都有坑了，我就用胶把它糊起来了。

月琴弹奏教学

壹拾壹

# 商洛花鼓戏·辛书善

## 情系舞台磨精品，倾注心血为花鼓

我是2000年退休的，刚退休简直不习惯，一想到我自小给自己定下的目标丢了，心里就总是空空的。后来剧团要我给《月亮光光》作曲，我很痛快地答应了，这个戏后来还拿了不少奖。

——辛书善

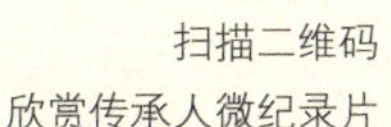

商洛花鼓戏《观灯》剧照

## 项目背景

### 商洛花鼓戏

清光绪三年（1877 年），湖北郧阳遭受水灾，大批灾民进入陕西省商洛地区，并带来了郧阳流行的花鼓戏。后来花鼓戏逐渐改用商洛地区的方言演唱，并吸收了许多商洛的民歌小调，最终形成商洛花鼓戏。商洛地处秦楚之交，经过岁月漫长的滋养浸润，商洛花鼓戏既有江南艺术的细腻委婉，又有秦地艺术的高亢激越。

因流行地域和语音的不同，商洛花鼓戏逐渐形成了商丹路和镇柞路两大流派。商丹路花鼓戏又被称为北路花鼓戏，它以关中语系为主，杂以当地土语，曲调流畅优美，婉转柔和；镇柞路花鼓戏又被称为南路花鼓戏，它以鄂西北语系为主，掺入当地土语，曲调高亢洪亮，欢快明朗。

商洛花鼓戏的音乐形式依据内容可分为花鼓子、八岔子、大筒子三种。花鼓子主要用民歌小调演出，也叫小调戏，多反映当地人民的劳动与爱情生活，代表性剧目有《打铁》《打草鞋》《哥接妹》《瞎子摸妻》《贾金莲回河南》等；八岔子用八岔调演出，也叫八岔戏，多反映公子、小姐的故事，其曲调分为阳八岔和阴八岔两种，阳八岔又称硬八岔或大八岔，阴八岔又叫软八岔或小八岔，代表性剧目有《坐西楼》《送香茶》《小东楼》

《小牙楼》等；大筒子以筒子胡琴伴奏，也叫筒子戏，属于大中型戏，多表现历史故事、民间故事和神话故事等内容，代表性剧目有《蓝桥担水》《刘海戏金蟾》《血刀记》《万寿图》《山伯访友》《四姐下凡》《正德王访贤》等。商洛花鼓戏以演出“三小戏”为主，小生、小旦、小丑是其主要角色，表演生动活泼，极富民间色彩。

2006年，经中华人民共和国国务院批准，商洛花鼓戏被列入第一批国家级非物质文化遗产名录。

2018年，辛书善入选为第五批国家级非物质文化遗产项目商洛花鼓戏代表性传承人。

## 艺术人生

### 从小就有音乐天赋

年轻时的辛书善

1940年，辛书善出生于陕西省商洛市商县（今商州区）的一户贫苦人家，他一岁多的时候，母亲就去世了，无人照看的他在这个亲戚家待几天，在那个亲戚家住几天。长期营养不良的他黄瘦羸弱，到了上学的年龄，身高和体重都比不上同龄的孩子。有一次商洛文工团下乡演出，同学们雀跃地帮文工团搬东西，辛书善更是积极。晚上演出时，辛书善早早地躲在舞台上的一个角落里，近距离地看完了整场演出。一出名叫《一朵大红花》的歌剧在辛书善的脑海里留下了深刻的印象。

辛书善：《一朵大红花》讲的是丈夫去参军，未婚妻去送行，不到20分钟的小歌剧，从头到尾两个曲调，男的一个调，女的一个调。第二天上学时我在教室里哼唱着歌剧的旋律，教音乐的王庆娥老师感到很奇怪，便问我唱的是什么，我说是昨晚看的戏。我给王老师从头到尾唱了一遍，连歌词都唱了出来。王老师很惊奇，说我在音乐上很有天赋，让我将来学音乐，考西安的音乐学院。

小时候的辛书善连县城都很少去，西安对他来说更是遥不可及的地方，怎么考上音乐学院在他的脑海里还没有构想，他想得更多的是如何吃饱饭。辛书善和爷爷住在一起，但爷爷时常会去别的儿子家住一个月，爷爷不在家时，辛书善的饭食由已经出嫁到邻村的姐姐照顾。姐姐每次过来会给他做一大锅苞谷糊汤，煮熟后盛在一个大盆里，这就是他一个星期的饭食，这样的饭食连充饥都谈不上。

村里的乡邻们都很同情辛书善的境况，在商洛剧团工作的辛庆善告诉辛书善商洛剧团要招收学员，建议他报考，辛书善很快就去报名了。

辛书善：我小学毕业后中学没得上，虽然学费不高但书本费什么的得交，上不起，于是就报考了剧团。

进了剧团的辛书善不但嗓音条件好，而且具有很强的记忆力，广播里播放的新歌曲，他听上两遍就会唱了。然而，随着年龄的增长，唱了几年花脸的辛书善失去了美妙童声的优越条件，他决定改行从事乐器演奏，他对音乐的悟性使他在剧团的乐队里也有了出色的表现。

**读破万卷书，踏遍万里路**

辛书善说自己一辈子都钟情于商洛花鼓戏，当他第一次听到花鼓音乐时，就觉得非常好听。好听的音乐无疑会给人们带来更多的愉悦和享受，这也是辛书善几十年来努力打造花鼓音乐的动力所在。

当辛书善还只是剧团里的一个普通演奏员时，他不但拜著名笛子演奏家高明为师，专习竹笛，还在下乡演出的间隙到处寻访民间的花鼓艺人，上门虚心请教。

辛书善：我记得有一次去拜访一位姓刘的著名艺人，正好赶上下大雨，我到地里找到带着雨帽干活儿的他，见他衣服淋湿了，怕他感冒，我赶紧把我的衣服给他披上。我对他说久闻大名，想让他把会唱的花鼓戏唱给我听听，老人很高兴地就唱给我听了。当时寻访时我没有自行车，经常借别人的自行车骑，借不到就走路去，反正我能打听到的，我都千方百计地去拜访，翻山越岭，爬山过河是常有的事。我经常住在老艺人家，听老艺人唱花鼓戏，边听边用简谱把传统曲调记录下来。

只有小学文化程度的辛书善并没有满足于对一般民族乐器的掌握和对民间花鼓音乐的采访、记录，他在音乐理论的学习上花费了大量的心血。当他得知一位从部队文工团回来的老师手里有《和声学》《配器学》和其他音乐理论书籍时，就三番五次上门求借。他求学的诚心感动了那位老师，终于借到了那些书，一本《和声学》，他用四年的时间学了三遍。

辛书善：书上的很多内容我都不懂，就一点一点学，不学懂就没有办法进行下去。后来我才知道这些书是音乐学院开设的主要课程的教材。我按照音乐学院的教学顺序一本一本地看，反正我在剧团里有的是时间。当时我还不会作曲，是演奏员。剧团里主要的作曲人是刘浩智、辛庆善，我

辛书善整理的乐谱资料

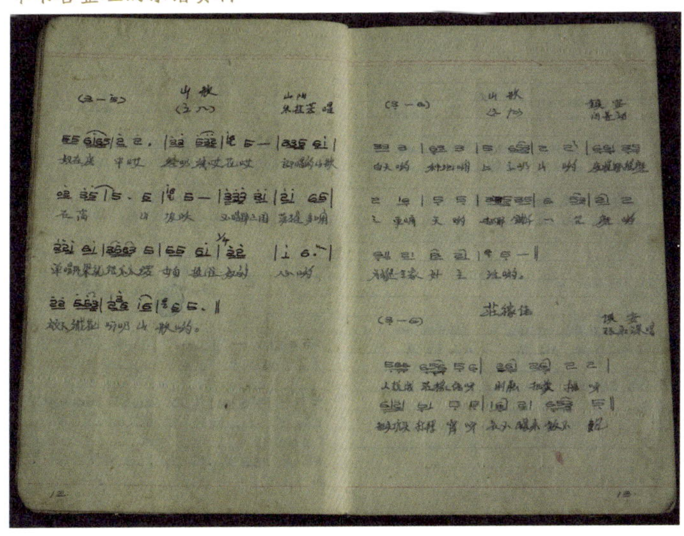

辛书善指挥乐队

那时候就给他们刻蜡版，刻得整整齐齐的，跟他们的时间长了，我也学到了很多知识。

经过长时间的自学，辛书善逐步掌握了花鼓戏的作曲。1965 年，他开始独立进行新剧目小戏类的乐曲创作。然而最初的创作并不顺利，因为没有解决男女声腔同腔同调的矛盾，他创作的乐曲并没有收到好的效果。但是失败并没有让辛书善放弃，反而让他不断奋进。

辛书善勇于挑战，敢于挑战，乐于挑战，终于在剧目《屠夫状元》的作曲上大获成功。

辛书善：我那时候年轻，胆大不知羞，想着失败了就失败了。在那种情况下真的失败了很多次，被大家骂，人家演员不干，说曲子没法唱。但我不气馁，领导分配任务我就干，高高兴兴接受。《屠夫状元》是大戏，有花脸，有净角，有老旦、小旦和生角，各有各的风格，各有各的曲调。当时剧团里的楼刚盖起来，设施不全，一个楼里就我一个人，为了做这个音乐，我在那里熬了一个夏天。

创作完成后，辛书善把《屠夫状元》的曲子拿给老师们听，老师们听完不吱声，辛书善创作的曲子里吸纳了他从民间艺人手里接过来的曲调，更有他对花鼓戏的感觉和探索，老师们觉得有点儿离开了传统，但辛书善强调“这就是好听的花鼓戏”。

辛书善：《屠夫状元》一下子就火了，全国各地都有人到剧团来找我们要谱子。乐队的人都急坏了，说拿走后七点半之前必须送回来，因为晚上还要演出。当时我们一边演出，中央人民广播电台一边现场录音，然后向全国播放。

《屠夫状元》初演大捷并没有使剧团领导和辛书善一直沉浸在喜悦里，他们不断进行着修改和提高。辛书善和剧团里的导演、舞美还去了别的省考察其他剧种的《屠夫状元》，经过调研，辛书善才知道全国各地叫花鼓戏的地方剧种众多，仅湖南花鼓戏就有好几种，商洛花鼓戏只有突出自己的特点，着力于新的创作，才能避免和其他地方的花鼓戏雷同。

《屠夫状元》经过长时间的打磨成了陕西戏曲界的精品，被拍成电影后更是反响强烈，好评如潮。

之后，辛书善又承担了《六斤县长》《山魂》《月亮光光》《情怀》等四十多个剧目的作曲任务。每次创作，他都在努力追求突破，《月亮光光》是他将男女声腔问题解决得最好的一部戏，《情怀》中第一次加进了孝歌……由他作曲的剧目参加了国家级、省级各类艺术赛事，屡屡获奖，商洛花鼓戏名声大振。

《六斤县长》剧照

已经步入暮年的辛书善依然心系商洛花鼓戏的传承

## 好戏来自生活

从小生活在商洛大山里的辛书善对于乡土生活有着特殊的感情，他觉得商洛花鼓戏是老百姓喜欢的艺术形式，只有在老百姓中间才能发现创作题材，只有反映老百姓的现实生活和新时代的精神风貌才能创作出更好的作品。取得一定成绩的辛书善仍然孜孜不倦地深入生活，在生活中迸发灵感。

辛书善在为剧目《情怀》作曲时，曾多次赴商洛镇安、洛南等地调研，剧中原型的忘我付出给了他极大的震撼和触动。

辛书善：《情怀》反映的是扶贫第一书记的故事，我去实地采访时，深受感动。其中一位书记是在部队负伤评残的退伍军人，他到村子后就住在没有学生的小学里。有一天天刚亮他就外出工作，因为下了一夜的雪，外面白茫茫一片找不到路，他一不小心从坡上滚到了河沟里。由于他起得太早，想喊人又不好意思打扰村民……这个戏里的人物和故事都是真实的，因为真实，所以感人。我切身体会到扶贫工作的不易，于是把满腔热情都融入了作曲中。

虽然已经退休 20 年，但辛书善并没有离开花鼓戏，没有离开音乐创作，他非常赞同习近平总书记关于文化自信的重要论述，一直力争使花鼓戏成为文化自信的践行者。

## 技艺展示

大型商洛花鼓现代剧《情怀》以脱贫攻坚为题材，通过讲述周斌、赵梅等党员干部带领贫困群众奋力脱贫攻坚的感人故事，表现了他们众志成城、战胜贫困的崇高精神，真实反映了基层干部驻村入户扶真贫、真扶贫的为民情怀。

商洛花鼓戏
《情怀》欣赏

## 技艺教学

### 八岔戏作曲教学

八岔子用八岔调演出，也叫“八岔戏”，分为“阳八岔”与“阴八岔”两种。

阳八岔除用打击乐作为句、段之间的间隔外，无弦管伴奏，即演员清唱，在腔句之间穿插固定的锣鼓点伴奏，句末由后台帮腔。阴八岔的曲调开朗、豪爽而又抒情，具有丰富的表现力，因此阴八岔适用于那些情节跌宕、表演细腻、人物个性鲜明的剧目。

八岔戏作曲教学

壹拾贰

# 合阳跳戏·党中信

## 跳戏最后的守护者

跳戏是一种古老的剧种，从历史和文化的角度来讲，它是祖先遗留下来的宝贵遗产，有保存价值。

——党中信

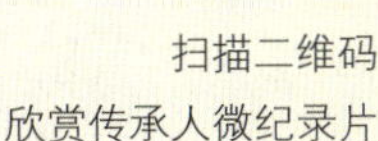
扫描二维码
欣赏传承人微纪录片

党中信表演合阳跳戏



## 项目背景

### 合阳跳戏

合阳跳戏又叫“跳调”“调调戏”“调戏”或“锣鼓杂戏”，起源于西周，既继承了元代杂剧的风格，又保留了古代傩舞的某些成分，与宋代的“队舞”也有相似之处，是独存于陕西省渭南市合阳县的古老地方剧种，被誉为“研究中国戏曲发展史的活化石”。

跳戏属社戏性质，演出时没有唱腔，不用弦乐伴奏，只用大锣、大鼓、铙钹和唢呐伴奏，演出者以表演舞蹈动作为主，同时用“说”“吟”完成“唱”“白”任务。跳戏开演后，武角上场先“上势”，踏遍舞台四角，踩够五十六个鼓点，再坐帐或升堂。文角上场亦要“踩四角”（踩场）。“上势”“踩场”都有固定的模式，这些模式是跳戏艺人的基本功。跳戏的演出内容多为以武打见长的剧目，也有如《玛瑙环》一类的文跳戏。

合阳跳戏现在正面临着后继乏人和可能失传的境地，亟待抢救和保护。

2008 年，经中华人民共和国国务院批准，合阳跳戏被列入第二批国家级非物质文化遗产名录。

2009 年，党中信入选为第三批国家级非物质文化遗产项目合阳跳戏代表性传承人。

## 艺术人生

### 党家娃娃都是演跳戏的料

渭北的合阳县真是一个神奇的地方，自古以来并不是什么富庶之地，也非驿站古道，交通虽不是十分通达，但也不显闭塞，然而合阳人对传统文化的固守却非别的地方可比。这里有更多的诗书世家，也有更多的不被别的地域的人们接受，而他们自己却视若珍宝的小众文化。合阳的线腔和跳戏这两个国家级的非遗项目就这样被保留了下来，外人观之不觉得有多少美的享受，但合阳人一听到那熟悉的唢呐声和悲怆的皮弦胡声却无不如痴如醉。

党中信的文化程度不高，但他讲起跳戏的根根梢梢时却如数家珍，滔滔不绝。

党中信：跳戏的起源有两种说法。第一种说法是，由古时候迎神赛会、求神祈雨等民俗活动发展而来，是一种傩舞的演化，能追溯到三皇五帝时期。第二种说法是，根据唐宋时期的宫廷队舞演化而来。即便按后一种说法，跳戏也有一千多年的历史了。

党中信可谓出生于跳戏世家，从他往上数五代，人人都热爱跳戏。

党中信的爷爷很爱跳戏，他的这种爱好也是祖上相传。党中信的父亲爱跳戏甚至到了痴迷的程度，父亲跟着爷爷学跳戏，演生角、旦角。为了演跳戏，父亲把家里的粮食和棉花拿到集市上卖，用得到的钱置办戏箱，为乡亲们义务演出。1957 年，陕西省举办第三届民间舞蹈会演，父亲带着跳戏班子的十几个艺人参加，获得了集体表演一等奖。

党中信：跳戏属于农民们自娱自乐的一种活动，是农民们在农闲时的娱乐演出。历来没有专业团体，也无法进行营业性演出。

村里的跳戏表演

在父亲的影响下，党中信和他的哥哥、妹妹都是跳戏爱好者。党中信 8 岁的时候就开始跟着父亲登台演出，刚开始他只是没有台词的龙套演员，但他表演得非常认真，像模像样。台下有观众说：“党家娃娃都是演跳戏的料。”

**无怨无悔地付出**

跳戏没有华丽的服装，没有庞大的乐队，更不需要正规的舞台。自古以来，跳戏演员都是免费为群众演出，没有哪个跳戏演员可以通过演戏来维持生活上的温饱。因此，没有经济效益，只求社会效益的跳戏能维持到今天，只能说是一个奇迹。

党中信正式演跳戏是在他 15 岁的时候，那时正是 20 世纪 60 年代初期的困难时期，村里对跳戏演员的报酬是演一个晚上的跳戏奖励一个馍馍。

党中信：在大家都在饿肚子，都在黄河滩上挖野菜的日子里，每次演出能得到一个馍馍无疑是最大的报酬。

年轻时的党中信有很多次机会可以离开农村去城市参加工作，能有一份固定的收入，也能改善家中的生活，但他都放弃了，他始终没有离开农村的土地，因为他太爱跳戏了。他知道离开农村就会离开跳戏，也许这种脱离会是永久的。于是，在城市的诱惑和跳戏之间，他毅然选择了跳戏，选择在这个古老而传统的文化中坚守自己的爱好和快乐。

党中信：那个时候参加工作很容易。这里让我参加工作，那里也让我参加工作，但我太热爱跳戏了，加上我是村里宣传队和跳戏的骨干，是演主角、挑大梁的，村里人也不让我走，所以我就一直留在农村。

党中信为了演跳戏牺牲了很多，但他无怨无悔。他说为了跳戏而付出是党氏家族几辈人的传统，这不是能拨拉小算盘的事情。



**艰难地守护**

和其他地方剧种遇到的难题一样，跳戏不仅大幅度地失去观众、失去市场，更是后继乏人。当年的跳戏几百人在观看，几十人在场地中央舞之、歌之、吟之，而如今，跳戏的演出场次极少，即使有演出，台下的观众也主要是老年人，几乎没有年轻人。

党中信：因为跳戏表演比较单调，故事情节比较简单，不吸引人，所以年轻人看不进去，觉得枯燥、没有观赏价值。但我觉得跳戏是一个古老的剧种，不应该失传。

当年视为珍宝的戏服盔帽，如今闲置在仓库中无人过问

党中信演跳戏已经有六十几年了，他为跳戏奉献了自己最美好的年华。如今，他最快乐的事情就是翻看自己保存的跳戏资料，有珍藏的和自己编写的剧本，还有自己的笔记和一些音像资料、照片。每当遇到烦心事时，他把这些资料翻出来看看，就觉得释然了。

可以和党中信一同登台演跳戏的演员现在已经不多了，他能像当年那样和一伙人演几出跳戏的机会也很少了。但一有机会他还会去演上几十分钟，不管别人看的感觉如何，评价如何，他总是尽自己最大的努力去表演。他觉得表演跳戏时自己是最快乐的，跳戏在他人生的每个阶段都带给他很多快乐，这是他最自豪和满足的。

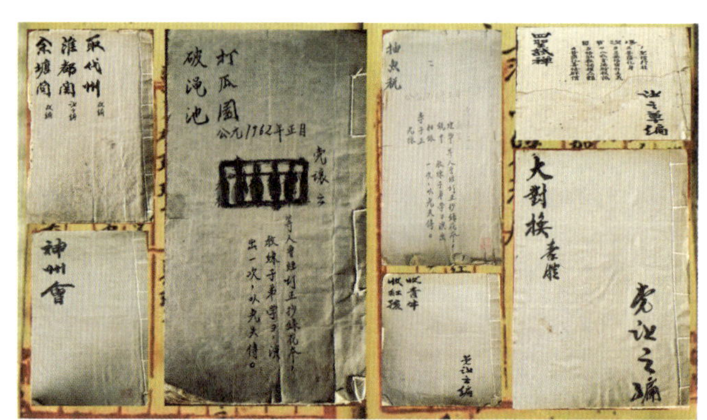

党中信在 20 世纪六七十年代抢救下来的古剧本的手抄本

党中信怡然自得地表演跳戏

传承人的责任让党中信在跳戏的传承上付出了更多的心血。然而现状并没有让党中信乐观，他虽然很热心地去教导徒弟，但却很少有人能够认认真真、踏踏实实地学习跳戏，大多只是凭着新鲜感浅尝辄止地学那么几下子，像他当年那样如痴如醉地学跳戏的现象已经不存在了。

党中信深爱着表演了一辈子的跳戏

合阳跳戏的流传范围十分有限，仅在渭南市合阳县沿黄河一带的农村，而且随着表演合阳跳戏的老艺人的相继离世，许多特色剧目都已失传或辍演。当下各种新兴艺术不断发展，合阳跳戏这种“锣鼓杂剧”的发展、传承前景令人担忧。

党中信很忧虑，他为跳戏的传承而忧虑。但他仍在努力着，争取着，为了不让跳戏在自己的手里失传而抗争着。

## 技艺展示

改革开放后，在“百花齐放，百家争鸣”方针的指引下，跳戏有了一定的发展，对跳戏进行的一系列挖掘、保护、提高工作使跳戏逐步登上了大雅之堂。1988 年，合阳县文化局把跳戏搬上了大舞台，由专业剧团排演了传统剧《昊天塔》。

党中信：跳戏以吟代唱，不论男女角色，唱腔皆如吟诗诵词，仅有几种简单腔调。生、旦、净、丑都用本嗓，用抑扬顿挫来表达喜怒哀乐；唱段或长或短，皆无复杂的旋律，主要靠鲜明的舞蹈动作来刻画人物形象，对白、唱词很少。

合阳跳戏《昊天塔》欣赏

## 技艺教学

### 上势教学

上势是学习跳戏的基本功。表演开始时，随着锣鼓、唢呐等乐器伴奏，演员跟随节拍，一步一踏。男角上势以立势、开弓、上路架、大展翅为主要表演动作；女角上势动作轻盈，以升帐、落座、道白和吟诵、跑场等类似古代武术的表演动作为基础。

上势教学

壹拾叁

# 陕北秧歌·魏建明

秧歌里舞出大世界

我们村子里开始闹秧歌以后，村民们就选我为秧歌队的领导。我经常组织我们村里的年轻人排小节目、排剧，正月初一就开始演出，到每家的院落去演，有了秧歌，年就有了味道。

——魏建明

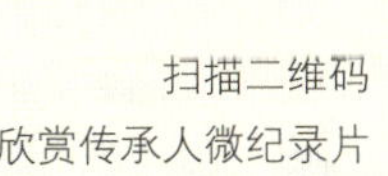

扫描二维码
欣赏传承人微纪录片

陕北秧歌表演





## 项目背景

**陕北秧歌**

陕北秧歌是流传于陕北高原的一种具有广泛群众性和代表性的传统舞蹈，又称“闹红火”“闹秧歌”“闹社火”等。陕北秧歌主要分布在陕西榆林、延安、绥德、米脂等地，历史悠久，内容丰富，形式多样。

陕北秧歌表演的主要特点是“扭”，所以也叫“扭秧歌”，表演者在锣鼓乐器伴奏下，以腰部为中心，头和上身随双臂大幅度扭动，脚下以“十字步”做前进、后退、左腾、右跃的走动，上下和谐，步调整齐，彩绸飞舞，彩扇翻腾。

陕北秧歌吸收了当地流传的水船、跑驴、高跷、狮子、踢场子等形式中的艺术元素，成为新的独特的舞种。

秧歌队的领头人叫伞头，一手持伞，一手持虎撑，两种道具都有吉祥的含义。伞，寓意庇护众生，风调雨顺。虎撑与唐代名医孙思邈有关，据说孙思邈曾为老虎治病，为便于观察和治疗，曾用铁圈撑开老虎的嘴，这个铁圈就叫“虎撑”，它在伞头的手中，则成为消灾却病的象征物，又是指挥秧歌队表演和变化队形的响器。演唱时，伞头领唱，众队员重复唱他最后一句词，形式简朴、热闹，词句生动、易懂，唱得观众皆大欢喜。现在的秧歌舞经过改革后角色有所不同，服饰可为现代装，腰系红绸带，手中道具可以是镰刀、锤子，也可用花伞。秧歌表演者常有数十人，有时多达百人，在伞头的带领下，伴着铿锵的锣鼓，和着嘹亮的唢呐，做出扭、摆、走、跳、转的动作，尽情欢舞，沉浸在欢乐愉快的喜庆气氛中的陕北秧歌表演十分红火。

2006 年，经中华人民共和国国务院批准，陕北秧歌被列入第一批国家级非物质文化遗产名录。

2018 年，魏建明入选为第五批国家级非物质文化遗产项目陕北秧歌代表性传承人。



## 艺术人生

### 边学边跳边摸索

1949 年，魏建明出生于陕西省榆林市绥德县，他是伴着中华人民共和国成立时震天撼地的锣鼓声和欢天喜地的秧歌来到这个世界上的。他听家里人说，新中国成立时，绥德的秧歌几乎扭了一个月，每个人打心眼儿里高兴，高兴的是共产党领导穷苦人民奋斗了几十年，终于使中国成为独立自主的国家，穷人今后会一天天过上好日子了。家里人说魏建明赶上好时候了，以后的日子注定是一片光明，于是便给他起了“魏建明”这个名字。

绥德县

魏建明的父母都是农民，虽然家里的孩子多，家境也不好，但他们还是坚持送魏建明去上学。看到家里生活困难，上初中的魏建明产生了辍学的念头，但执拗的父亲不同意，又坚持把他送到学校。父亲说："绥德是个出能人、出名人的地方，不管是能人还是名人，都得有学识、有文化，没有文化啥事都干不成。"

魏建明：我父亲那个时候的思想还是比较超前的，他不让我退学，还亲自把我送到了学校。中考时我报了中专，因为中专毕业后就能被分配工作，就能挣钱了。家里生活条件不好，弟弟妹妹又多，我想早点儿给家里减轻负担。我后来学的是会计和统计专业。

魏建明对艺术有着一种偏爱，他从小就喜欢陕北的民间歌舞，喜欢秧歌。每当锣鼓一敲，唢呐一响，他就觉得身上的每个细胞都在跳动，只要知道哪里有秧歌会，无论多远他都要去看。魏建明在艺术上很有天赋，别人扭秧歌时，他看上一会儿就学会了。

魏建明：我看过最多的是吴家畔的吴继业和蒲家洼的李增恒扭秧歌，李增恒是国家级传承人，人称"六六旦"。我还看过三角坪的王照水，王茂庄的赵沟梁、王志桑，单家屯的叶善英这些老艺人的秧歌舞，看了以后就学会了，然后在这个基础上逐渐发展我自己的东西。

陕北秧歌的动作内容十分丰富，魏建明主要看的是陕北秧歌里的小场子秧歌（踢场子），其中有"二人场子"。魏建明觉得别人踢场子里的"二踢节"和"三踢节"踢起来非常漂亮，但看起来容易，做起来却很难，他经常会找一个僻静的地方悄悄地练习。他每次看过老艺人的演出后都会自己用心琢磨，偷偷地学会，到了村里要组建秧歌队时，他拿出的手艺总会让大家大吃一惊。魏建明还在上中学时，每到放寒假，村里都会闹秧歌，他就成了大家公认的组织者和领导者。

**崖畔畔的草棵棵，谁知道哪一棵能开花**

1968 年，中专毕业的魏建明并没有被分配工作，他又回到了农村。随

魏建明演出照

后的十几年里，他修过梯田，学过理发、裁缝，看到别人做纸活儿能挣钱，他也买了花纸和竹篾在家里做起了纸活儿。后来，他还去村里的中学当过民办教师。

有一年，榆林地区招录公务员，魏建明参加了考试，考中后被绥德县人事局分配至四十里铺乡（今四十里铺镇），当上了会计，干了 8 年后又被提拔为薛家河乡（今薛家河镇）政府的计生办主任。

魏建明这些年所从事的工作几乎都和秧歌没有什么交集，尤其是最后的计生办主任和秧歌可谓“风马牛不相及”，然而，正是这个职位让他又扭起了自己所喜爱的秧歌。

20 世纪 80 年代初，各级计生办主任的工作都是最难干的，乡镇的计生办主任更是站在计划生育的风口浪尖上，魏建明在这个职位上却也能做得让领导满意。有一年春节前，绥德县政府通知各乡镇要在春节期间举办秧歌会演，乡政府的领导直接把这个任务交给了魏建明。

魏建明：当时领导把这个任务交给了我，说是因为我平时在这方面有特长，喜欢秧歌，让我组建一个秧歌队，到县里参加比赛。过年的时候，其他干部都放假回家了，我一直坚守在乡政府，领着大家排秧歌、练秧歌。

在绥德县的各个乡镇，大大小小几十个单位，真可谓高手如云，大家都使出浑身解数想要在秧歌会演中力挫群雄。薛家河乡政府的领导也是迫于任务，想着只要能在县里秧歌会演时亮一亮队伍就行，根本没指望能获奖。没承想，在魏建明的组织领导和训练辅导下，薛家河的秧歌竟然在秧歌会演中得了第一名。薛家河在绥德出了名，魏建明也在绥德出了名。很快，县领导就发现了薛家河的魏建明是个难得的人才，没几天工夫就把他调到县文化馆担任副馆长，补了老馆长早已超过退休年龄却迟迟找不到合适接替人的缺口。

魏建明：开始调过来时我只是副馆长，因为我在薛家河的计生办主任是副科级，到文化馆半年以后，被提升为正馆长。我在这里干了十一年，一直干到退休。

魏建明当过农民，当过民办教师，学过手艺，当过基层干部，绕来绕去，还是没有绕出陕北秧歌的圈子。

20世纪80年代，陕北秧歌改革后，登上了大舞台（《大丰收》剧照，右一为魏建明）

## 一个黄土地艺术团几乎走遍了半个地球

当了文化馆馆长的魏建明却怎么也笑不出来——文化馆的小院子里共有 24 间房，住着 24 位干部，这些房子既是办公室又是这 24 位干部的家。办公室里盘着炕，外面搭着灶台，走道上还放着成年累积的煤块。魏建明觉得这根本就不像一个文化单位，简直就是一个大杂院，连乡下干净点儿的农家院子都不如。魏建明上任后的“第一把火”就是拆炕、扒锅、运煤炭，把不堪入目的“大杂院”还原成文化馆的办公室。把那些干部的家人全部从办公室劝离，其难度可想而知，魏建明的家人和朋友，甚至县里的领导都为他捏着一把汗，但魏建明生生地啃下了这块硬骨头。

魏建明：我来文化馆遇到的第一个困难就是把这里的住户全部迁出去，我告诉他们，这里只能办公，不允许住宿。当时要把灶台、炕全部拆掉，再粉刷维修，这件事非常难办。有些房子锁着门不让进，我就拿斧子把锁砸开。办公室维修好后，我组建了一个黄土地艺术团。

魏建明组建黄土地艺术团时，文化馆总共只有三十几个职工，有搞行政后勤的，有搞文学创作的，也有搞绘画、摄影的，搞音乐、舞蹈的干部很少，魏建明把这些人组织起来，又召集了一批文艺爱好者，组成了 53 人的艺术团队。

魏建明：当时县委、县政府提出了“三大跨越”，即政治跨越、经济跨越和文化跨越。我认为文化跨越就得把文化搞上去，所以就组建了黄土地艺术团。

黄土地艺术团的第一台晚会的主题是“黄土风情”，主要内容是陕北秧歌、陕北腰鼓、陕北霸王鞭和陕北跑驴等，即把陕北的各种民间艺术融汇到一起，组织了一台门类齐全、丰富多彩的具有浓郁地域特色的民间艺术晚会。

“黄土风情”晚会在县里演出后，产生了非常好的反响，当时陕西电视台还让艺术团到西安录制了 53 分钟的节目，这个节目入选了省委宣传部为纪念毛主席《在延安文艺座谈会上的讲话》发表55周年专场文艺晚会。

西安的演出结束后，国家文化部看到了演出实况，决定让黄土地艺术团代表国家去荷兰参加国际民间艺术节。在这个艺术节上，黄土地艺术团获得了最佳团队奖。魏建明任馆长不到两年时间，黄土地艺术团不仅走出了陕北高原，还代表国家走出了国门，这在绥德县的历史上是没有的。

后来，黄土地艺术团受邀参加在江苏省无锡市举办的第四届中国民间艺术节和在湖北省荆门市举办的第五届中国民间艺术节，都荣获金奖。黄土地艺术团培养了大量艺术人才，使陕北秧歌和其他陕北艺术门类不断普及，在绥德形成了浓厚的艺术氛围。

2010年，魏建明正式办理了退休手续，但退休后的他并未离开自己喜欢的陕北秧歌，而是尽自己最大的努力培养新人。

1997年，魏建明率黄土地艺术团赴荷兰演出，演员们在后台合影

1997年，魏建明率黄土地艺术团在德国演出时，在街边留影

1997年，魏建明在法国进行文化交流时，在卢浮宫外留影

魏建明：2007 年，我和陕北秧歌国家级传承人“六六旦”李增恒在文化馆开始培训黄土地艺术团和绥德剧团的演员，这样的培训每年都有。这些专业学员学得快，接受能力也比较强，把他们培训好了，通过他们再向社会传播，效果会更好。别的地方也有秧歌，例如东北秧歌、山东胶州秧歌和安徽的花鼓子等，但秧歌和秧歌不一样，没有地域特色就没有灵魂，没有味儿了。因此，我经常给年轻一代的演员说，要走我们自己的路，不能走人家的路。

## 技艺展示

二人丑场子是陕北秧歌代表性表演形式之一，以前多是一人男扮女装，两个男角演出，后来经过不断改进，基本演变为一男一女表演。

男女角通常化“丑”妆，男戴小胡须，女画红脸蛋，表情丰富，动作灵动。

魏雄雁作为父亲魏建明的亲传弟子，曾跟随父亲去欧洲多国演出，其表演的二人丑场子秧歌受到外国友人的热烈欢迎。

绥德北路二人丑场子秧歌欣赏

（表演者：魏雄雁、薛巧英）

## 技艺教学

### “挂鼓子”动作教学

小场子秧歌是陕北秧歌中一种重要的表演形式，又叫“踢场子”秧歌，分二人场、四人场、八人场，也可以根据具体参与人数做调整。

二人场子发展最好，流传下来和新创作的动作颇多，表演动作或潇洒凌厉，或婉约灵动，表演内容通常是展示青年男女的爱慕情谊。男角俗称“挂鼓子”，女角俗称“包头”，过去均由男子扮演。“挂鼓子”的动作朴拙，有武术的爆发力。

“挂鼓子”动作教学

壹拾肆

# 陕北道情·白明理

## 把唱歌当作一种感恩

我大半生的生活都很艰苦，对于我和陕北老一辈人来说，道情是一种精神寄托。我虽然老了，但在有生之年，我会尽我最大的努力为陕北道情的传承做贡献，陕北道情的未来只能交给年轻人了！

——白明理

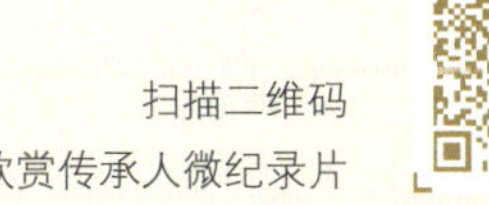

白明理（中间）演唱陕北道情



## 项目背景

### 陕北道情

道情，是由古代道士念经、演唱、诵咏道教中的情理而得名的。陕北道情源于道教，与道教有一种相承关系，随道教的兴盛而兴起，随道教的延续而发展。但在其发展过程中，又不局限于道教的兴衰，而是广收并蓄其他艺术养分，使自身日臻成熟、完善，最终发展成一种具有独特风格的戏曲艺术。

陕北道情，原名“清涧道情”，后因甘肃“陇东道情”和山西“神池道情”流入陕北，形成了“三边道情”和“神府道情”，故统称为“陕北道情”，流传于陕北清涧、延川以北各县，在清涧、延川、子长、子洲、绥德等地盛行。

陕北道情作为陕北地方戏曲剧种之一，生、旦、净、丑齐全，并以须生、正旦、小生、小旦、小丑为主，花脸无唱腔，均为道白，秧歌风味浓厚，动作大方，以扭、摆为主，无严格程式，生活化动作较多。陕北道情重唱功，无武打戏。按其流行地域和艺术特点划分，可分为东路道情和西路道情。东路道情是指从山西临县等地传入府谷、神木等地与本地语言、民歌等相结合而发展起来的道情。西路道情是指从甘肃陇东一带，通过皮影、社火等传入定边、靖边、横山等地与本地语言、民歌等相结合而发展起来的道情。清涧道情是专指流传于清涧及其相邻地区的道情，在陕北道情中最为盛行，最具代表性，被誉为“正宗的陕北道情”。

2008 年，经中华人民共和国国务院批准，陕北道情被列入第二批国家级非物质文化遗产名录。

2018 年，白明理入选为第五批国家级非物质文化遗产项目陕北道情代表性传承人。

## 艺术人生

### 六岁的梦想到了六十岁才实现

1943 年，白明理出生于陕西省榆林市清涧县，他家在无定河边上。别人家的孩子是在学校里长大的，而家里生活条件差的白明理却是在无定河边上揽着放羊铲长大的。在放羊的日子里，他只能和那些默默吃草的羊做

两鬓斑白的白明理

伴，空旷无人的四周偶尔会有一两只鸟雀飞过，而更多的时候都是寂静的，他多么希望有人能和他“拉拉话儿”。记不清是从哪一天开始，他听到从遥远的地方传来如泣如诉的歌声，是那么悲怆，那么凄凉……他甚至没听清楚歌词，但那曲调、那旋律却一下子就拽住了他的心，让他疼得差点儿就掉出了眼泪。后来，当白明理知道这歌声就是陕北道情时，他就发誓要学唱陕北道情，他要做一个能把陕北道情唱好、让大家都喜欢的歌手。

白明理：1952 年，我们村里请了一位道情老师来进行为期三个月的教学。老师叫王应山，不挣工资，而是挣小米。去学习的每个学生需要交半升小米。我家里穷，拿不出小米，爷爷和父亲都不让我去学，我就每天偷偷地趴在窗户外面听，我一听就会，听了三个月，我就能唱了。

三个月的“趴窗培训”让白明理更加喜欢道情了，只要听到哪里有歌声，有唱戏的，他就一定要去听、去看。有一次，离他们村十里地的东爷庙来了一个绥德的剧团，父亲给他放了一天假，让他去看戏，结果他去了

白明理在山坡上唱起心中的道情

三天。他白天趴在戏台边看戏，晚上就在戏台上随便找个角落睡觉，他身上没有一分钱，几乎是饿着肚子看了三天戏。回到家后大人们的训斥自然少不了，但他吃完饭后再赶上羊群的时候，又追上了那个剧团。

白明理：剧团的人在河对岸走，我在河这边拿着小镢头一边敲打一边唱。我听到对面剧团有人说："这个小孩嗓门好，只不过没人教。"剧团团长说："这么好的孩子咋不让学唱戏？"后来剧团团长去我家找了两次，我爷爷骂得我哭了一晚上，他不让我学唱戏，但是我爱文艺的念头一直都没有被打消。我一边学民歌，一边学道情，还学秦腔、眉户和京剧。

没有去戏剧团的白明理只能把自己的梦想深深地压在心底，后来他上了学，回村里当过会计、团支部书记，结婚以后四个孩子相继出生，生活的重担使白明理只能努力工作。尽管他也当过匠人，包过工，做过生意，但都没有太大的收益。

2005 年 4 月，清涧县文化馆在白明理几十年前睡过戏台的东爷庙举办活动。文化馆领导得知白明理歌唱得好，就说："趁秦腔还没开演，让白老汉亮亮嗓子。"

白明理：当时文化馆的王进文书记让我唱，我就唱了几段道情。结果王书记说："哎呀，农村还真是有人才！"4 月 27 日，县里开大会，又让我在会上表演道情，我心里发怯，腿都在抖，唱完后底下的人都说老汉唱得好。

在东爷庙的演出让白明理的名声大振，他先后去了县里、市里演出，只要他一登台亮嗓子，清澈、明亮且高亢的嗓音和纯正的道情声腔便得到了大家的高度赞扬。

2005 年以后，在很多民歌比赛中，白明理都获得了较好的名次。在榆林市的民歌大赛上，他获得了第二名。参加陕西省民歌大赛，他获得了二等奖，同时获得了"十大陕北民歌手"称号。几十年默默无闻，却从未放弃对道情的执着追求，一朝发轫，六十多岁的白明理显然是宝刀不老。

**默默地坚守只因喜爱**

白明理：以前的谱子都是手抄本，用麻纸做成的本本，互相传抄。别人教我平调怎么唱，二流怎么唱，十字调怎么唱，学上两回我自己就会唱了。这么多年，我改编过，也模仿过，但道情有两点不能变，一是道情的韵味不能变，二是方言不能变，变了就没有味道了，也就没有地方特色了。

道情曲调很复杂，清涧的老道情有十八种调子，再加上从山西传过来的东路调子，共有三十几种调子，即便是民间的老道情艺人也无法将道情的所有曲调完全掌握。小时候的白明理在家里大人阻止他学习道情的情况下，只要听说哪里有道情演唱和排练，他都会想办法到现场去听、去看。在他还不识字的时候，凭着自己的记忆，就已经记住了道情的许多曲调。

白明理：当时我很小，也不识字，但是因为喜爱就学得快。家里人很排斥我唱道情，结婚后媳妇也反对，说民间有说法，我们家的光景不好，就是因为我唱道情唱得，把自己的福都唱给别人了。

几十年生活中的困难都没有阻挡住白明理对道情的热爱与追求，他视道情如生命，觉得少吃几顿饭都无所谓，但不唱道情浑身就没有劲儿了。唱道情让他有了好心态、好心情，也有了好身体。白明理说自己一生没有急躁过，没有太多的烦恼，不顺心的时候，一唱歌心情就好了。

**传承道情的责任重如山**

唱了几十年的道情，在自己人生的夕阳阶段才出了名、有了成果的白明理，并没有在成绩和荣誉面前“飘”起来，他觉得肩上的担子更重了。他用几十年的时间学习道情，而要用几个月或几年的时间把它传承给下一代，难度太大了。

白明理：我今年已经将近80岁了，我肚子里的东西我会赶紧给徒弟们教。要是再有五六年我不在了，有好多东西就会失传了。前年，有个大学教授在我们清涧县搞采访，收集、整理资料，我不摆架子，不考虑报酬，带着徒弟们拿着板板就去了。记录民歌、记录道情，是为了把这些美好的

白明理与徒弟们排练的场景

歌曲留下来，进而推广到更大的范围，让听到的人们都得到享受。

白明理对上门找他学习道情的学生都会热情地辅导，无论是在家里，还是在学习班上，甚至是在县城广场上，只要有人问到他时，他都会毫无保留地把他所知道的道情讲给大家，唱给大家。

白明理：道情是一种文化，得把这种文化传下去。我在学艺的过程中受到过很多挫折，如今条件好了，不能再让有心学习的娃娃们受挫折了，我要好好教他们。

白明理没觉得自己年迈力衰，他有着充沛的精力，在清涧的山水间，在榆林的各个社区和村镇，他用道情讴歌着这个时代，用自己的热情为道情的传承努力着。他不愿以唱歌谋生，而是把唱歌当作一种感恩。想到国家和政府的关怀和支持，想到听到道情的人们脸上的喜悦，他觉得浑身都是劲儿。

## 技艺展示

陕北道情演出时由一人或多人演唱，通常以四胡、三弦、笛子、管子、唢呐等乐器伴奏。陕北道情的演唱风格具有浓郁的地方特色，以陕北方言和民族唱法为主。陕北道情的音乐节拍强弱变幻莫测，使得音乐婉转激昂、痛快淋漓。同时，这种强弱交替的音乐节拍使得旋律更具艺术魅力，能够充分地衬托演唱艺人的情绪。

陕北道情《清涧道情唱清涧》欣赏

## 技艺教学

### 耍孩调教学

耍孩调是独立唱腔，由两大乐段组成，前段平和深沉，后段激越明快。耍孩调既可单独选唱，又可与其他唱腔连唱。

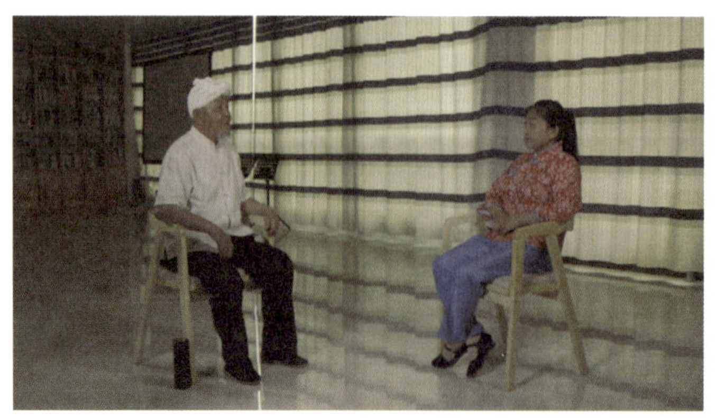

耍孩调教学

壹拾伍

# 弦板腔·丁碧霞

## 弦板腔孤独的守望者

这几年我也老了，不太演戏了，但只要是传承弦板腔的工作，我随叫随到，绝不含糊。

——丁碧霞

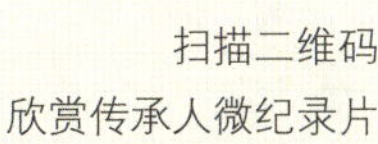

扫描二维码

欣赏传承人微纪录片

《福寿图》剧照(丁碧霞饰张耕儒)



## 项目背景

### 弦板腔

弦板腔是流行于陕西关中乾县、礼泉、永寿、兴平、武功、户县（今鄠邑区）、周至一带的地方剧种。据《乾县县志》记载，该剧种起源于宋代，由民间流传的“隔帘说书”发展而来，是在西路皮影戏的基础上逐渐形成的。

弦板腔的主要乐器有“弦”（二弦和三弦）、“板”（又叫“呆呆”，分蚱板、二板两种），加上唱腔，故称“弦板腔”。其剧目取材于历史演义、民间生活故事，语言通俗、故事内容丰富；其唱腔既豪放悲壮、高昂激扬，又委婉细腻、柔和清亮，能够表现不同人物的不同性格和感情，具有浓郁的田园牧歌式的特色和民歌韵味。

新中国成立后，乾县人民剧团将以皮影戏为主要形式的弦板腔搬上了大舞台。从此，弦板腔逐渐发展成为优秀的地方剧种。

2006 年，经中华人民共和国国务院批准，弦板腔被列入第一批国家级非物质文化遗产名录。

2008 年，丁碧霞入选为第二批国家级非物质文化遗产项目弦板腔代表性传承人。

## 艺术人生

### “戏窝子”里的艺术家

1944 年，丁碧霞出生在陕西省乾县临平镇。由于地处交通要道，周边各县南来北往的人都要从此经过，因此临平镇成了当时货物集散交易的大镇。

交通的便利带来了文化的交融，在丁碧霞的印象中，秦腔、眉户、皮影戏、木偶戏等各地的名戏，每年都会在镇上演上好几场，这里的人都爱看戏，也都会唱戏，这里是名副其实的“戏窝子”。

丁碧霞：我爷爷原来就是村里说书的，我家门口经常会围着一大群人听我爷爷讲戏。我父母也成天在家唱戏，每次镇上有大戏，他们都会把我带上。我们一家子都是戏迷，可以说戏曲占据了我大部分的童年生活。

1958 年，乾县、礼泉、永寿三县合并，主要行政机构设在了乾县，为发展地方剧种，原乾县人民剧团改名为“乾县第二人民剧团”，并将“隔帘说书”的弦板腔从幕后搬上了大舞台，《紫金簪》《九连珠》等一大批优秀的弦板腔作品迅速走红，享誉西北。

1960 年，为了培养年轻的弦板腔演员，乾县成立了文化艺术学校，并面向社会招收学员，年仅 16 岁的丁碧霞得知消息后，立即报了名。她从小爱听戏，喜欢模仿台上的演员唱戏，成为一名戏曲演员是她梦寐以求的愿望。

丁碧霞：考试的时候连下了好几天的暴雨，我来回路上被雨淋透了，回家后还发了高烧，睡了三天才好，我觉得这可能也是一种考验吧。

学戏曲还得靠童子功，在同批报名的学员中，丁碧霞的年龄已经偏大了，骨骼已经基本长成，校方担心她吃不了苦，有意回绝她，但丁碧霞哪舍得放弃，她当即向校方立下“军令状”，恳求校长给她三个月的考察期，三个月过后，如果可以就留下，不行就走。

为了能留在艺校，丁碧霞废寝忘食，起早贪黑，苦练戏功，晚上别的

年轻时的丁碧霞

学员都睡了，她还在排练室里练功，到了周末，别的女学员都上街游玩了，想着如何打扮自己，而她却留在艺校，一门心思琢磨怎么能提升功夫。

丁碧霞：我当时真是什么都豁出去了，就想留下来。说的是三个月的考察期，结果不到两周时间，周校长就告诉我，我被正式录取了。

原来，校长被这个看似柔弱，却特别能吃苦，学习能力又极强的学生所打动，提前结束了对她的考察。如愿留下来的丁碧霞并没有就此松懈，仍然坚持刻苦练功。丁碧霞在艺校的两年多时间里，主攻生角。在郝振安、马怀玉、陈文宇等弦板腔老艺人手把手地传授下，丁碧霞进步很快，为她后来既能唱好弦板腔，又能熟练唱秦腔打下了良好的基础。

1962 年，丁碧霞迎来了人生的又一个重大转折，她被分配到乾县弦板腔剧团实习演出，得以与弦板腔名家王碧云、刘智民一起排练、同台演出。前辈们丰富的舞台经验和娴熟的表演技巧使她受益匪浅。

丁碧霞：我本名叫丁佩琴，小名叫丁素素。在乾县弦板腔剧团时，县委书记建议我改名为丁碧霞，“碧”字是因为王碧云老师是当时的副团长，想让她多带带我，“霞”字意思是霞光万丈。我回家后把这件事告诉家里人，他们都非常高兴。从那以后，我才正式改名叫“丁碧霞”。

20世纪60年代初，京剧“四大名旦”之一的尚小云先生应邀支援西北文化建设，在西安菊花园开办学校，培训年轻的戏曲演员，陕西省内的地方剧团都抽调了学员参加培训，在弦板腔剧团出类拔萃的丁碧霞也被选中。在培训期间，丁碧霞受到了尚小云先生的悉心指点，演技突飞猛进。

丁碧霞：当时尚老师给我们排《取贵阳》，我之前一直是演刘备的，而尚老师觉得我的嗓子更适合唱太守赵范，就临时给我改了。

被临时改戏的丁碧霞并没有因此抱怨，而是不分昼夜地刻苦练习，琢磨角色。她经常睡觉时都顾不上脱下戏服和靴子，早上起来一睁眼就接着练功，脚上磨出血泡也没有停下。

丁碧霞的付出得到了回报，《取贵阳》在西安人民剧院成功上演，得到了许多名角和领导的赞许，尚小云先生在看完她的表演后，也给予了肯定和支持，那一年的丁碧霞还不到20岁。

丁碧霞：尚老师对我的印象很好，还对我说：“娃娃不错，要吃苦，好好学，台上一分钟，台下十年功。”

演出大获成功的丁碧霞就此声名鹊起，成了团里的重点培养对象，此后在许多大戏中都担任主角。20世纪60年代中期，社会环境发生了变化，传统戏被禁演，团里开始排演现代戏《杨立贝》，一直演古装角色的丁碧霞起初也不太适应，甚至还有些抗拒。

丁碧霞：古典戏的胡子是挂在脸上的，但是演现代戏《杨立贝》时要把胡子粘在脸上，杨立贝是一个蓬头垢面、满脸皱纹的老头子，我当时还是个没结婚的小姑娘，所以就不愿意演。

团里的领导都来给丁碧霞做工作，艺校的周校长得知情况后对丁碧霞说：“戏比天大，安排了你演，你就好好演，不但要演，还要演好，上了台你就不是丁碧霞了。”

为了演好这个现代戏角色，丁碧霞反复琢磨剧本。为了让她演活这个被恶霸欺负到家破人亡，但仍不屈服的瘸腿老汉，当时的县委书记还找来了扁担和木块，捆成挑柴的扁担，让丁碧霞练习、体验。

丁碧霞：我是个女娃嘛，小时候也没有干过重活儿，为了真实，我专门在山里面弯弯扭扭的山路上训练，天天训练，肩膀上的皮都磨破了，还经常摔得青一块紫一块的。最后《杨立贝》的演出很成功，每次演完回到后台，我还能听到台前的掌声久久不停，感受到观众的热情和对我的认可，我觉得一切都是值得的。

**人生如戏**

20世纪70年代初，刚刚结婚的丁碧霞不得不中断自己的演艺事业，随军人丈夫前往新疆建设兵团，她被分配到工厂当工人。

丁碧霞：在新疆工厂的那段时间我也没有放弃演戏，平常不让唱戏，我就在心里唱，有时候我也会一个人在沙漠中大声吼戏。

1974年，丁碧霞的新疆随军生活结束后，回到乾县，本以为可以回到令她魂牵梦萦的戏曲舞台，谁知因为对口分配的规定，她又被分配到乾县工厂做翻砂工。

三年后，乾县弦板腔剧团要复排古典戏《十五贯》，丁碧霞被调回剧团，饰演剧中的况钟，或许是被压抑太久了，重返排练场的她一开嗓就遇到了状况。

丁碧霞：我几年都不敢大声唱，更没有跟着乐队练，而且况钟还是主角，唱词本来就多，突然放声吼起来，嗓子一下就哑了，我现在说话之所以沙哑，就是因为那时候练得太过了。

经过十多天的紧张排练，丁碧霞终于回到了阔别已久的舞台。作为恢复古典戏演出后的第一场戏，《十五贯》一经上演就座无虚席，获得满堂喝彩。

丁碧霞：天天晚上演，一晚一场，连续演了25天，虽然累，但是我心里是真的高兴，真的激动！

1979年，正值中华人民共和国成立三十周年，乾县弦板腔剧团推出献礼大戏《紫金簪》，丁碧霞饰演剧中主角夏昌，为了融入角色，表现出夏昌被陷害差点儿冤死的复杂情感，丁碧霞苦练梢子功。

丁碧霞：当时我只要闲下来就跪着摇头转梢子。有一次回老家，我跪在炕上练梢子，我母亲看见了就说："素素，你抡梢子抡慢些，别把脖子抡断了。"

《紫金簪》剧照(丁碧霞饰夏昌)

为了练功，丁碧霞膝盖上的皮磨破了一层又一层，后来她找了垫子绑在膝盖上才好些。薄垫子变成了厚垫子，膝盖上的伤口仍然不停地往外渗血，染红了垫子，垫子换了一块又一块。丁碧霞有几次直接昏倒在了排练场上，甚至落下了半月板损伤的毛病。

《白马血盟》剧照(丁碧霞饰刘章)

20世纪八九十年代，受电影、电视等多元文化的冲击，弦板腔一度濒临失传，乾县及周边地区在大舞台上演弦板腔大戏的现象已不复存在，大量演职人员转业经商。1997 年，乾县弦板腔剧团解散。1998 年，丁碧霞自费成立演出团，服务于城乡的红白喜事，多以秦腔清唱为主，偶尔也唱弦板腔。

丁碧霞：为了吸引大家来排戏，每次我都自掏腰包请大家吃羊肉、喝啤酒。那几年排了好几本戏，主要是接各地的红白喜事，虽然挣不了啥钱，但还一直维持着。

2008 年 12 月 5 日，乾县恢复成立了弦板腔剧团，已经退休的丁碧霞得知消息后主动找到了剧团团长，表示想把秦腔的许多经典戏移植改编成弦板腔，团长当即同意，并聘请丁碧霞负责排练工作。

丁碧霞：虽说是聘用，但是是没有钱的，不过我无所谓，当时的弦板腔已经很久没人听了，我们这些人再不去做些工作，这个剧种可能真的就消亡了。

在丁碧霞的努力下，《福寿图》《范紫东》《苏武牧羊》《武则天》等一批秦腔经典戏被改编成了弦板腔登上了舞台，一经演出，大获好评。

演出团的演员们在后台准备

丁碧霞轻轻地抚摸着颁发给自己的国家级传承人的证书和奖章

丁碧霞的申报材料这样写道：丁碧霞1960年参加乾县文化艺术学校学艺，主演生角，完整掌握了弦板腔表演、导演知识和技巧，成为将弦板腔由皮影戏搬上大舞台的主要人员之一，多年来积极从事培养后继人才的工作。经过评审组评审，该申报人符合国家级非物质文化遗产代表性传承人评审标准，同意推荐为第二批国家级非物质文化遗产项目代表性传承人。

## 技艺展示

2011年，丁碧霞主演的《福寿图》获陕西省第六届艺术节弦板腔优秀剧目、导演、作曲、表演、舞美设计等11项大奖。同年，该剧参加“国风·秦韵”小剧种进京展演活动，将弦板腔演进了大剧院。丁碧霞经过多年锤炼和沉淀，唱、念、做、打四功娴熟精湛，扮演不同角色都能收放自如，把握到位，形成了独特的个人艺术风格。

弦板腔《福寿图》欣赏

## 技艺教学

**弦板腔现代戏《杨立贝》经典唱段教学**

现代戏《杨立贝》是根据民国时期天台农民杨立贝告状事件改编而成的。丁碧霞在剧中女扮男装，饰演被恶霸迫害的“杨立贝”一角，其天生一副好嗓子，唱腔优美、字正腔圆，通过声情并茂的演唱和演绎，将杨立贝不屈不挠的形象和性格细腻传神地表现了出来。

弦板腔现代戏《杨立贝》经典唱段教学

壹拾陆

# 高陵洞箫·胡永汉

## 传承百年洞箫，秦音绵绵话人生

这么多年为了保证喉咙清润通畅，我一直不抽烟、不喝酒，吃饭也不能吃得太饱，太辣的也不能吃。

——胡永汉

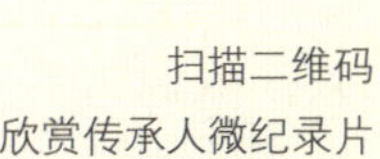

胡永汉手持洞箫，陶醉其中

## 项目背景



### 高陵洞箫

高陵洞箫艺术的发祥地是地处关中腹地的西安市高陵区渭河以南的耿镇村，这里濒临渭河，地势平坦，交通发达，为高陵洞箫艺术的成长创造了良好、静适的环境。

高陵洞箫艺术在继承民间传统乐器演奏技巧的基础上，于清同治年间，通过胡学忠、胡道满两代艺人的不断创新，吸纳秦腔、曲子、关中道情等艺术的精华部分，以“双音代唱”“喉音”“上颚音”“颤音”“滑音”“打音”等为主要演奏技法。

“双音代唱”吹奏法是把秦腔唱法中的彩腔唱声和洞箫吹奏运气巧妙地融合在一起，然后注入箫管，使洞箫低沉的声音突然放大，如唢呐声浑厚响亮，形成多支洞箫合奏的希声，又恰似梆笛声和板胡声一样豪迈粗犷，具有强烈的穿透力和震撼力；“喉音”是在吹箫的同时，喉咙同时发声，“吼”唱一个旋律，与箫声形成和声，给人一种边吹边唱的感觉，显得格外雄厚有力。洞箫大师胡道满把洞箫演奏从传统的低沉、苍凉、绵长变为洪亮、明快、欢乐，其箫音婉转悠长、雄厚有力、圆润清扬、美妙动听。

2011 年，经中华人民共和国国务院批准，高陵洞箫被列入第三批国家级非物质文化遗产名录。

2018 年，胡永汉入选为第五批国家级非物质文化遗产项目高陵洞箫代表性传承人。

## 艺术人生

### 自幼学艺

1943 年，胡永汉出生在陕西高陵的一个普通商人家庭，他从小随伯父胡道满学习洞箫演奏，熟练掌握了洞箫的吹奏技法，尤其是高陵洞箫所特有的“双音带唱”“喉音”等特殊技法。胡永汉演奏出的箫声低沉、舒缓、苍凉、缠绵，并兼具洪亮、明快、豪迈、雄浑，具有自己独特的演奏风格。

胡永汉：在清朝时，我的先祖是给宫里刻皮影的，1900 年八国联军攻占北京，我祖父带着家人来到了高陵，同时，也把在宫里学到的萧艺带了出来，后来，我伯父胡道满将其发扬光大。

高陵洞箫应该叫作“胡道满洞箫”。20 世纪 70 年代，胡道满这个名字在当地乃至西安都赫赫有名。过去人们品箫（吹奏洞箫），只会演奏小曲，不知道能演奏秦腔，胡道满经过琢磨，奏出了秦腔曲目。

胡永汉：有一次我伯父和村里人一起去易俗社听秦腔，到易俗社门口时，排队买票的人太多了，等的时间长，伯父实在没事儿干，就掏出洞箫吹奏了起来，结果人们全都被洞箫声吸引了，都不排队买票了。售票员见自己的场子被人搅了，忙向领导反映。领导来了一听，感觉此人品箫水平非同一般，立即请我伯父进去。从此，易俗社成了我伯父在西安的落脚点。在秦腔正式开演前，我伯父经常会吹段箫，给来得早的观众欣赏。

洞箫大师胡道满在北京参加演出时留影

小时候的胡永汉经常和伯父胡道满住在一起，所以从小就被灌耳音。每当有人邀请胡道满演奏洞箫时，胡道满就带着胡永汉，让他坐旁边听。因为胡永汉年龄小，手指短，不能学洞箫，胡道满便在胡永汉 9 岁时，先给他买了一支短笛，到他

10 岁时，又用竹笛给他改制了一支短箫。

胡永汉：十几岁的时候我学会了简谱，心贪得很，想多学一些曲子，一首还没有练精通，就去学另一首。我伯父就对我说："灵芝一根就够了，臭蒿弄一把也不顶用。"

胡道满见胡永汉萧艺日渐精进，便开始教他自己独创的"双音代唱""喉音"等演奏技法。为了练好这些技法，胡永汉没日没夜地练习，甚至常常练得喉咙肿胀，发不出声音。

胡永汉：我当时给自己定目标，分阶段学习，学会一首曲子，让我伯父考核一首，没问题了再练下一首。

1955 年，胡道满应邀参加"全国群众业余音乐舞蹈观摩演出会"，荣获个人特等奖，并受到一些中央领导同志的亲切接见。他用洞箫吹奏的《苦中乐》和《大金钱套柳生芽》被中国唱片厂灌注成唱片，轰动乐坛。

胡道满：永汉，咱祖传的萧艺以前被人看不起，我用毕生精力钻研萧艺，被人说是"败家子"，现在国家这样重视，还称我们是民间艺人，从今以后，你一定要好好学艺，做出榜样，这样才对得起祖宗给咱传下来的手艺，才对得起国家啊！

1956 年，胡道满不幸身患重病，落下半身不遂的后遗症，虽然不能品箫，但他还是把箫放在自己身边。

胡永汉：我伯父那几年虽然不能下床，但经常把我叫到身边，考核我品萧的技艺，也是在那几年我的技艺越来越熟练。在学校期间，我常常参加各种文艺表演活动，每次都能拿奖，毕业以后我就被分配到了乡里文艺大队。

20 世纪 70 年代后，胡道满身体有所好转，高兴地写了首顺口溜"四十七岁脑中风，误传人故箫绝声，六十余岁重学习，放声高奏东方红"。胡永汉听后，和诗一首"百年萧艺传民声，乡土滋润随国兴。胡氏萧艺誉中华，欣喜真技有传承"。

1978年，一代洞箫大师胡道满去世。胡永汉虽然失去了一位良师，但他继承和发扬洞箫艺术的决心更大了。他刻苦钻研，勇于探索，使自己的洞箫演奏水平进入到一个更高的阶段。这时，他不仅能吹奏《苦中乐》《雁落沙滩》《百鸟朝凤》《大金钱套柳生芽》《孔子哭颜回》等曲目，而且能熟练地将“双音代唱”等技法融入洞箫演奏的现代歌曲之中。

胡永汉的洞箫吹奏技艺日趋成熟，并逐渐被社会所认可。1985年，西安市群众艺术馆的李天禄到高陵收录、整理了胡永汉吹奏的洞箫曲目；1986年，胡永汉参加了西安市民间音乐舞蹈比赛，在这期间，他还参加了不少民间演艺活动，被很多媒体相继报道。2009年，奥地利科学院声像档案馆将胡永汉吹奏的传统经典曲目《孔子哭颜回》《大金钱套柳生芽》等录音资料永久收藏，供全世界音乐界交流借鉴。

2009年7月18日，奥地利科学院声像档案馆馆长鲁道夫·勃兰教授来访留影

**倾其所有，传承技艺**

洞箫传承后继无人让胡永汉十分焦急和苦恼。艺术需要传承才能发展，为了让更多的人了解洞箫艺术，多年来，胡永汉通过陕西广播电台热线吹奏洞箫，收教徒弟，并在陕西师范大学音乐学院定期授课，受到广大师生的一致好评。除此之外，他还深入中小学为青少年辅导箫艺，吸引了许多人的关注。每当有人想了解和学习高陵洞箫时，胡永汉都会倾其所有，毫不藏私。

2000年以来，胡永汉陆续招收了6个徒弟，最小的只有19岁，最大的有60多岁。虽然他们都在坚持学习，但是往往由于工作和生活等多种原因，难以全身心地投入。

胡永汉：只要有人想学，我都尽我所能，免费教，但是学习洞箫需要悟性、天赋，还得要坚持不断地练习。让非遗进校园是一个无奈的办法，但也是一个好办法，学生们都是专业的，又聪明，又有悟性，学得快，我也打算从这些专业学生里挑几个徒弟，把高陵洞箫传下去。

## 技艺展示

《大金钱套柳生芽》是高陵洞箫经典曲目，它吸纳了秦腔、道情等剧种的艺术风格，运用了“双音代唱”“喉音”等多种洞箫演奏技法，以洞箫表现秦风秦韵，具有很强的感染力。

高陵洞箫《大金钱套柳生芽》欣赏

## 技艺教学

### “双音代唱”技法教学

在吹奏高陵洞箫时，除了可以听出洞箫的主音调外，还有一种嗡嗡的振荡声，这是艺人通过紧闭的双唇，在吹奏的同时以喉腔唱出的双声部和声。这种特殊的演奏技法就是胡道满独创的“双音代唱”。

“双音代唱”技法教学

壹拾柒

# 蓝田普化水会音乐·邓印海

## 蓝田普化水会音乐的发掘者

水会音乐是古代举行求水仪式时演奏的音乐，祈雨仪式全国都有，一般是在山沟里走一圈，都是小规模的，但是陕西古时候取水的规模非常大，有上万人。古时候陕西过水会还到过太白山上的大爷海，成千上万人，要走几十里山路，相当壮观！

——邓印海

扫描二维码
欣赏传承人微纪录片

蓝田普化水会音乐演奏场景



## 项目背景

**蓝田普化水会音乐**

蓝田普化水会音乐是千百年来流传于陕西省西安市蓝田县普化镇一带专门用于佛事、善事、祭祀的民间吹打音乐。据史料记载，可容纳千名僧侣的蓝田悟真寺的水陆殿在唐代已是官方和民间举办大型佛事的重要地点，悟真寺在举行水陆法会等大型佛事活动时会演奏鼓乐来助兴，营造气氛，蓝田普化水会音乐这一形式由僧人和民间乐手传承至今。

蓝田普化水会音乐分为行乐和坐乐两类，因其演奏风格严肃、庄重，故从不用于喜庆婚俗场合。水会音乐质朴、清越、雅致、细腻，与激越、粗放的秦腔形成鲜明的对比，常见的曲目有《清江颂》《小曲子》《三联子》《八板》《宫调》《老钉缸》等。

蓝田普化水会音乐手抄传谱原有八十多种曲牌，其记谱法为唐代燕乐半字谱，这也是它历史久远的实证。蓝田普化水会音乐从乐队乐器、曲目、记谱法等方面都显示出了很高的历史价值和学术研究价值，抢救、传承这一民间特有音乐形式对于研究中国音乐史、丰富群众文化生活、构建和谐社会、促进社会发展有重要的价值。

在20世纪六七十年代，蓝田普化水会音乐遭受重创，多年来一直处于濒危状态，乐谱所剩无几，乐器亦大量丢失、损毁，老艺人也相继离世。邓印海用他毕生的精力守护着蓝田普化水会音乐，发现、搜集、整理、抢救出了大量珍贵资料，在他的努力下，水会音乐已告别濒危状态，不仅入选了国家级非物质文化遗产名录，而且有了更多年轻的传承者。

2006年，经中华人民共和国国务院批准，蓝田普化水会音乐被列入第一批国家级非物质文化遗产名录。

2018年，邓印海入选为第五批国家级非物质文化遗产项目蓝田普化水会音乐代表性传承人。

## 艺术人生

### 重大的发现往往都是偶然的

1976年，23岁的邓印海从西安音乐学院毕业了。在那个年代，没有多少学生能从大学学习的专业知识里得到更多的收获，然而邓印海却没有荒废自己的学业，尽管社会上的各种风潮不可避免地刮进了校园，但他却尽可能两耳不闻窗外事，一心只读五线谱。走出校园大门，起初他被分配到蓝田县委组织部，这和他所学的专业没有任何联系，后来他又被调到了县教育局，最后才到了县文化馆。在很多人眼里，文化馆这种事业单位是无法和组织部、教育局相比的，但邓印海却乐在其中，因为文

刚被分配到蓝田县文化馆的邓印海(左)

化馆和他所学的音乐是能够挂上钩的。邓印海很庆幸自己最终来到了县文化馆，否则他的人生一定会被改写，他也许永远不会发现水会音乐这块古老的民间艺术瑰宝。

在文化馆工作的邓印海经常会下乡，到农村、到山里去调查、了解和收集民间音乐。1980 年的一天，他在蓝田县普化镇楸树庙村普查民间音乐时，发现村子里的老宅子里竟然有一位在脑后还留着一截小辫子的老人，蹲在地上翻阅着一本线装的老乐谱，嘴里还哼着一种独特的曲调，随风而飘，余音袅袅，古音情深。邓印海从未见过这样的乐谱，也听不懂老人嘴里唱的歌曲，但熟知音律的他却觉得乐曲很好听。

老人叫刘建凯，他说他所唱的乐曲是唐代宫廷燕乐的伴奏音乐。邓印海非常惊讶，没想到在这个处于半山坡的村子里，竟然还遗留着一千多年前的古老音乐，这个发现令他兴奋不已。他和老人商量，能不能把乐谱借给他回家誊抄下来，老人答应了。拿到乐谱的邓印海回家后连夜把乐谱抄了下来，这本乐谱和他在学校学过的五线谱压根不一样，全是汉字。当时的邓印海并不知道老人唱的和他抄的乐谱是什么，只是意识到这可能很重要。

邓印海：我去给刘建凯老人还乐谱时，问他手上还有没有其他乐谱，他说他没有了，但全家岭还有些人有，我便直接去了全家岭。全家岭原来有一个水会乐社，在“文革”中受到冲击，乐社成员都不愿意提及这档子事。我到一个乐社成员家，刚开始说事儿就被老人给骂了出来。

20 世纪 80 年代初，邓印海经过反复解释，多次上门和乐社的成员交朋友，才使他们打消了顾虑，开始慢慢给他说水会乐社的事情。

水会乐社的演唱内容很丰富，不但有单曲，还有套曲。邓印海像是钻进了宝库，如饥似渴地汲取着这些珍贵的但却还不知道它们究竟是什么的民间文化遗产。

**发现“新大陆”**

经过长时间的调查、收集和整理，邓印海把自己誊抄的乐谱拿到西安音乐学院，向自己的老师陆日荣教授请教。陆教授查阅了大量资料后告诉邓印海，这种音乐是唐代的宫廷音乐传到民间，逐渐形成的以取水、佛教祭祀为主要用途的民间音乐，因为主要是在天旱求雨时演奏，因此民间都叫水会音乐，也叫水陆大会音乐，水陆大会后来慢慢发展成庙会。当举行水会的时候，不仅各地的乐社都来表演，连十里八乡做生意的人也都会在水会上摆摊做生意，形成了十分热闹的民间集市。陆教授郑重地告诉邓印海，水会音乐是很有价值的民间音乐文化遗产，得好好研究并传承下去。



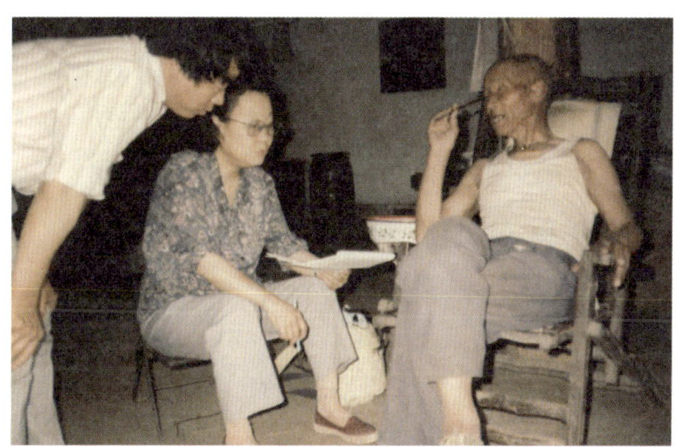
邓印海（右）调查、了解水会音乐

邓印海（右）收录水会音乐

邓印海：了解了水会音乐的重要性后，我就下定决心要把它挖掘出来。为了收集资料，我在楸树庙村住了一段时间。当时刚去没地方住，我就住在生产队的饲养室里，其实就是牛棚，连续住了一个多月，天天把老艺人们召集在一起，让他们给我教唱、教识谱。

水会音乐的乐谱复杂难懂，老艺人用老乐谱演奏，邓印海用五线谱进行标注，对这些乐谱进行了翻译式的记录。

在下乡收集水会音乐乐谱的时候，邓印海吃冷馒头，住牛棚，顶风淋雨都是常有的事，甚至还有天黑赶路时和野狼对峙几个小时的经历。有一次遇到山洪暴发，他住的房子被洪水冲塌，所幸他并无大碍。老艺人们都说他的命大，同时也被他的诚心所感动，愿意协助他。

邓印海：自然灾害我能躲，但人为的事却躲不了。当时，我每次下乡都要待好几天，单位的人就在领导跟前说三道四，加上我经常能在省里、市里得到一些奖项，就引起了一些人的嫉妒，我甚至被停发了两年的工资。我最狼狈的时候是过年时连一毛钱的水果糖都给儿子买不起，过年就买了棵白菜。现在讲起来都是笑话，家里人当时也不理解，经常为钱争吵，我这个人还是倔，认准一件事就要把它干好，不管别人怎么说。

邓印海的不懈努力和他的研究成果得到了陕西省文化部门领导和西安音乐学院专家们的重视，水会音乐逐渐被更多的人所了解。2006年，蓝田普化水会音乐被评为国家级非物质文化遗产项目，看到珍贵的民间音乐文化遗产没有被遗失，邓印海觉得自己所有的艰苦付出都是值得的。

邓印海（左）下乡调查水会音乐

## 在发展中求生存

在搜集、整理水会音乐乐谱的同时，邓印海还有一个梦想，就是将水会音乐“复活”，由“乐谱”变为实实在在的演出活动。经过三十多年的努力，邓印海终于让水会音乐从偏僻的山村登上了大都市的舞台。退休以后，邓印海没有放下手上的工作，而是想着如何能让水会音乐走得更远。

邓印海：非物质文化遗产是在传承、发展、创新中生存的，如果非物质文化遗产被挖掘出来以后，不能继续创新，那就成文物了。千百年前的音乐能经过过滤而流传下来，有的一代传得好，有的一代传得不好，有的老音乐现在演奏的时候没人听，因为不好听。水会音乐之所以能被现代人所喜欢，是因为里边有了改进和创新。

邓印海将水会音乐的老乐谱进行改编后搬上舞台，获得了很好的效果。他还把民间音乐搬上讲台，着力培养音乐学院的学生，他觉得这些学生接受能力强，美好的音乐旋律容易打动他们，民间音乐也能有更好的传承和发展。

邓印海：音乐就在生活中，有一次我去小寨镇调研，吃饭的时候旁边桌子的人在划拳喝酒唱歌，我没听过，觉得很好听，就说我给他们买酒，请他们再唱一遍。唱完后，我说我以后会把他们的酒歌搬到舞台上去，他们笑了，说不可能。2013 年，我把酒歌重新编排，在蓝田县非物质文化遗产展演会上演出了，效果很好。

邓印海在水陆庵指挥公演

几十年来，除了水会音乐外，邓印海还挖掘、整理了蓝田地区的道情、花鼓子、二簧、山歌和酒歌等的乐谱。他对所有的音乐都达到一种近乎

痴迷的程度，他说自己最崇拜的人就是著名作曲家雷振邦大师，雷振邦深入生活，扎根民间，对艺术、对音乐负责的态度令人感动，令人敬佩，是他永远的楷模。

## 技艺展示

拍曲是以拍数为代名的乐曲，蓝田普化水会音乐所指的“拍”实质上是“小节”。《十八拍曲》由十八个小节连缀组成，结构定式严谨、工整，旋律布局规范、独特。曲目整体风格古朴端庄，大气雄浑。

蓝田普化水会音乐《十八拍曲》欣赏

## 技艺教学

**蓝田普化水会音乐《太平乐》教学**

《太平乐》是水会音乐中的经典曲目之一，演奏时笙、管、笛、萧、锣、鼓、木鱼钟磬齐鸣，节奏铿锵有力。因为水会音乐使用的乐谱是唐代燕乐半字谱，也称“俗字谱”，是以乐器音位和手法为基础的谱式，所以技艺教学多依靠口传心授。

蓝田普化水会音乐《太平乐》教学

壹拾捌

## 古调声声向江歌

# 汉调二簧·王发芸

我想把我六十多年的舞台经验传给下一代，不是说我有多么伟大，只是觉得如果技艺失传的话，会很可惜。只要能把汉调二簧传承下去，只要用得着我，我保证随叫随到，不要报酬，让我干啥都行！

——王发芸

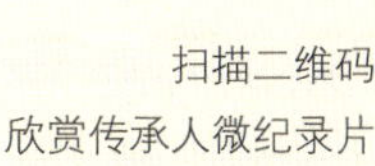

《红桃山》剧照（王发芸饰张月娥，1958 年拍摄）

## 项目背景

### 汉调二簧

汉调二簧，流行于陕西及湖北、四川、甘肃的部分地区。它源自陕南汉江流域的山歌、牧歌、民歌，清代初期受秦腔影响，并吸收昆曲、吹腔、高拨子等曲调，糅合当地方言，形成了独立的声腔剧种，原来用双笛伴奏，笛以竹作“簧”，故称“二簧”。为与“京二簧”区别，汉调二簧又称“土二簧”。

汉调二簧在发展中曾形成多个流派，名角众多。其角色共分末、净、生、旦、丑、外、小、贴、夫、杂十个行当，表演讲究细腻精到，唱腔真假嗓并用，悠扬婉转。

汉调二簧程式规范，形式完美，特色鲜明，行当多样，流派纷呈，这些都是在表现古代生活和古代人物的过程中逐渐成熟并不断形成的，是极其宝贵的财富。

2006 年，经中华人民共和国国务院批准，汉调二簧被列入第一批国家级非物质文化遗产名录。

2008 年，王发芸入选为第二批国家级非物质文化遗产项目汉调二簧代表性传承人。

## 艺术人生

### 台上一分钟，台下十年功

1941 年，王发芸出生在安康市的一个书香世家，她的爷爷在世时经常做慈善捐助，他们家在当地算是名门望族。王发芸 8 岁那年，父亲突然去世，家族自此衰落，在她的记忆中，童年生活经常是吃了上顿没下顿。

虽然家里发生了很大的变故，但王发芸依然是一个爱蹦蹦跳跳的活泼女孩。1956 年，安康市举办正月十五闹元宵活动，自小爱热闹的她，自告奋勇代表街道和学校表演跑竹马节目《刘海砍樵》，大家欢声一片。

王发芸：我当时一点儿舞台经验都没有，只知道大概剧情，所有的戏都是自己编的，我还找了条花床单勒在身上当花裙子，现在想想就是胡闹呢，当时居然还得了奖。

同年 4 月，安康市组建汉剧团，要从各个学校招收文艺骨干，正月十五活动中获奖的人员都是招收对象，就这样，15 岁的王发芸顺利地考进了剧团。

王发芸：当时我母亲不同意我去剧团，因为我们家是书香世家，母亲觉得这是改换门庭，可我觉得这对我来说是一个机会。

戏曲功夫得从娃娃练起，初进剧团的王发芸已经 15 岁了，骨骼已经很硬了。王发芸为了弥补这一缺陷，坚持每天早上 5 点起床，提前两个小时进练功场，压腿、下腰、吊嗓子。下班后，别人都回家休息了，她还要接着练。

王发芸：武戏比其他行当要苦得多，为了练好跑圆场，我给自己腿上绑了个沙袋，等到上台表演前，再把沙袋拿掉，虽然很辛苦，但效果是明显的，跑起来真感觉脚下生风。

在王发芸看来，小时候多吃点儿苦是好事，常年忍饥挨饿的经历让她觉得自己什么困难都能应付。高强度的苦练效果显著，两年后，王发芸的戏功在同一批学员中出类拔萃。

王发芸的努力得到了剧团领导的肯定，领导觉得王发芸是一个演刀马旦的好苗子，便让男扮武旦的名角左玉贵指导她，后来王发芸又陆续得到了刘平安、张玉坤等戏曲名家的指点。名师的倾囊相授，再加上王发芸跟班学艺的优越条件，让她有了很多舞台表演的实践机会，她的技艺日渐纯熟。

**角色没有大小之分，都要认真对待，哪怕没有一句台词**

在王发芸的记忆中，1960 年是她人生中幸运的一年。那一年，她加入了中国共产党，又被评为陕西省劳动模范，还因在汉剧《梁红玉》《大破天门阵》里的精彩表演被京剧大家尚小云先生收为徒弟。

20 世纪 60 年代，王发芸在《大破天门阵》中饰演穆桂英

20 世纪 70 年代，王发芸在《小刀会》中饰演周秀英

王发芸：当时尚小云老师在西安菊花园开办艺术学校，地方剧团都推荐两三个人前去进修，因为我在陕西青年演员会演中获得了优秀奖，所以也被推荐进了学员培训班。那段时间我学到了很多规范的功夫，比如刀枪把子，那段经历对我的影响特别大。

有了尚小云先生的指点，王发芸的艺术水平得到了突破和升华，她开始觉得戏曲表演不能墨守成规，因为人物的性格和所处环境不同，所以角色表现就不能落入俗套。

王发芸：戏剧或影视剧里都有群众表演，一般排戏时，群众的戏都是统一的，要指谁一起指，要笑一起笑，要恨一起恨，可这不合理啊，这么多人不可能都是一个性格。

有一次，在排演一出关于灾年施粥的戏时，剧情的安排是灾民在喝到掺着沙子的稀粥时，群情激愤，集体声讨不公，而王发芸却琢磨着怎么演出不同的、真实的感觉。

王发芸：我小时候是真的饿晕过，也要过饭，我是了解那种感受的，人在极度饥饿的时候哪里会在乎掺沙子，掺什么都吃。我当时演的是一个女乞丐，我就给自己设定是一个正在哺乳期的带着孩子的乞丐。从外形上，我把自己浑身弄得又脏又乱，上衣解开一两个扣子，头上插稻草，还把布鞋弄破，露出脚指头；从表演上，我始终表现直不起腰，饿得前胸贴后背的样子，有气无力，胆小怕事，坏人来了往人后躲，全身发抖，总怕别人发现自己，喝粥时争着抢着，喝完还舔了碗。

王发芸的表演是成功的，演出结束后，评委这样点评王发芸：大剧团的名演员是不会演群众角色的，王发芸在安康、在陕西都算是名人了，还去演了这么一个不起眼的角色，还演得这么认真，一定要鼓励。最后，王发芸因这个从头至尾没有一句台词的角色被颁发了配角三等奖。

1981 年，陕西省举办汉剧会演，王发芸饰演的扈三娘在与王英、林冲、李逵的三次会战中，表现各有不同，性格分明，在会演中大放异彩。

1981年，陕西省首届汉剧会演，王发芸主演的《扈三娘》获一等奖，同年，王发芸荣获陕西省个人特别贡献奖

王发芸：第一场，我遇到的是王英，王英身材矮小、相貌丑陋，所以我在表演上是瞧不上他，转身就走；跟林冲碰面的戏就不一样了，林冲从背后给了我一枪，我一看这人气势不一般，我要慎重对待；遇到李逵，我笑他鲁莽粗犷，黑不溜秋，少智缺谋，不是对手。

无论是巾帼英雄、小家碧玉、善良妇女，还是一个没有一句台词、不起眼的角色，王发芸都会尽最大努力去塑造人物真实、细腻的内心世界。由于王发芸塑造的人物形象真实且生动，走在大街上，许多戏迷见了她不叫她的真名，而是直接喊她“穆桂英”“杨八姐”“扈三娘”……

**锣鼓壮英雄**

有一年，安康市西关突发火灾，许多民房建筑都被烧毁，王发芸的家正好就在其中。当她赶回去时，家里已是满目疮痍，见此情形的王发芸差点儿昏过去。那天晚上，王发芸恰巧还有一场演出，强忍着悲痛的她没顾得上收拾残破的家又赶回了剧场。

王发芸:我记得很清楚，那天我演的是《佘赛花》，背朝观众的时候，有好几次我差点儿没忍住哭出来，但我心里清楚，决不能影响工作！戏比天大，干我们这一行的，再大的事儿，上了舞台，你就不是你了，只能演好戏。

戏曲行当中有句话叫“锣鼓壮英雄”，尤其是武戏，当演员面朝观众一亮相，锣鼓一响，什么事儿都能抛到脑后。

**抱病奔走，传承戏种**

1996 年，命运和王发芸开了一个玩笑。王发芸退休后，总觉得身体不太舒服，便去医院做了检查。

王发芸：癌症，子宫内膜癌晚期，医生说我就剩三个月时间了。我不信，也不甘心！

生性乐观的王发芸即使在与病魔斗争的过程中，也从来都是乐观积极的。

王发芸：1997 年，我在西安住院治疗，恰好那年香港回归，医院各科室都要排演节目庆祝，我所在科室的护士们都在为节目发愁，有一次她们在我的病房外面讨论，有人提出让我来帮忙，当时护士长就说：“人家都癌症晚期了，哪有心情弄这事儿。”我当时一听就大声说：“我行啊！我行啊！”最后我不仅帮她们化妆，还给她们指导排演，听说她们那个节目还获了院里的优秀奖。

王发芸是幸运的，经过化疗后，癌症奇迹般地被治愈了，她的身体日渐好转。她不顾家人、朋友、学生的反对，又出现在了剧团的排练场上。

20 世纪 90 年代末，国企改革，安康汉剧团也未能躲过时代的浪潮，许

已经 60 岁的王发芸在汉剧《柜中缘》中饰演十七八岁的刘玉莲

多知名的汉剧演员纷纷下海经商。当时的汉剧团处于低谷时期，演员各自寻找出路，人心惶惶，排练和演出都受到了很大的影响。

王发芸：眼看着我们这个戏种有可能就此消亡，我心里着急啊，先辈们传下来的艺术，不能在我们这代人手里断了！

为了挽救濒临消亡的戏种，那几年，王发芸与一群汉调二簧的爱好者四处奔走，呼吁社会关注这个宝贵戏种。2002 年，安康市汉滨区委、区政府实施了汉剧剧种保护工程，投入大量人力、财力，重点解决了影响汉剧发展的“场子、苗子、票子、路子、班子”等问题，保住了汉剧团。

如今，已到耄耋之年的王发芸患有静脉曲张，不能久站，但她每周都会出现在剧团的排练场上，坚持为培养汉调二簧的新生力量倾注自己的心力，在剧团学员们的口中，王发芸也从“王团长”变成了“王婆婆”。

王发芸：汉调二簧的发展有一定的困难，但是有党和政府的支持，有那些热爱汉剧的人，还有这些年轻的学员，汉调二簧会慢慢往下传，前途会是一片光明。

退休后的王发芸在小区院子内给学员们授课排戏

王发芸在剧团的排练场上教导学员

## 技艺展示

从艺六十年，王发芸共担任100多部戏的主角，演绎了上百个不同历史时期、不同遭遇、不同个性的妇女形象，给观众留下了深刻的印象。在《初出茅庐》中，王发芸饰演黄月英，唱腔清亮动听，字正腔圆，堪称经典。

汉调二簧《初出茅庐》欣赏

## 技艺教学

**汉调二簧唱腔教学**

汉调二簧在陕西的影响力仅次于秦腔，是陕西的第二大剧种。汉调二簧的唱腔由西皮和二簧复合而成，演唱时两种腔调交错出现，既可以表现出喜剧之喜，亦可以表达出悲剧之悲。在行当分类上，汉调二簧较传统戏种又多出外、小、贴、老、杂，差别主要在于嗓音，如“小”的嗓音是尖音，“贴”的嗓音是假音等。

汉调二簧唱腔教学

壹拾玖

# 唱着紫阳民歌长大

# 紫阳民歌·夏清华

我这一生最大的幸福，是从紫阳民歌中得到的。紫阳民歌让我的生活充实，给我带来了快乐。通过对紫阳民歌的研究和演唱，我得到了更多的艺术感悟。我在传承紫阳民歌中付出那么多是值得的，我此生无憾。

——夏清华

扫描二维码
欣赏传承人微纪录片

夏清华在茶园唱起了紫阳民歌



## 项目背景

**紫阳民歌**

长江的最大支流汉江，发源于汉中市宁强县，它一路汲取着秦巴山麓的涓涓流水，由西至东横贯安康市紫阳县全境。紫阳民歌就在这汉水两岸生生不息地传唱着。

据考古调查，早在新石器时代，先民们就已在紫阳这片热土上繁衍生息，击石拊石，百兽率舞。根据文献记载，这里的人类文明最早就是以古代传说和歌谣的方式发展起来的。我国最早的诗歌总集《诗经》中“周南”“召南”部分的 25 首歌谣的流传地主要就在包括紫阳在内的汉江上游，紫阳民歌在朝代更迭的过程中，伴随着人们种种生活习俗的形成、发展而逐渐成熟，于明清时期达到鼎盛。

紫阳民歌流传久远，其歌词借喻巧妙，风趣幽默，有较高的文学价值；所用方言似川、似楚，韵味独具；其旋律优美婉转，高腔唱法中游移于调式音级间的色彩性颤音唱法具有独特的价值。紫阳民歌对于丰富中华民族音乐宝库、弘扬中华民族音乐文化有不可低估的作用。

2006 年，经中华人民共和国国务院批准，紫阳民歌被列入第一批国家级非物质文化遗产名录。

夏清华的演唱方法独树一帜，在使用民间唱腔的同时，融入了科学的发声理念，声音圆润明亮，气息充沛且运用自如，音域宽广，韵味十足。

2012 年，夏清华入选为陕西省第三批非物质文化遗产项目紫阳民歌代表性传承人。

## 艺术人生

**艰难困苦，玉汝于成**

1952 年正月，夏清华出生在安康市紫阳县蒿坪镇。蒿坪镇位于紫阳县东北部，距安康市较近，且交通便利。这里文化底蕴深厚，是汉剧的发源地和民歌之乡。

幼年的夏清华饱受着艰难困苦，在他五岁时父母就离世了，他和弟弟妹妹都是由二叔二婶养大的。二叔家也有孩子，加上夏清华他们，五个孩子的吃饭穿衣，让二叔不堪重负，但二叔二婶无怨无悔，一直将他们视如己出。

夏清华：每天吃饭的时候，叔叔婶婶都借故躲开我们，等我们都吃完后，叔叔婶婶才吃余下不多的剩饭。

年轻时的夏清华

长大以后的夏清华没有忘记二叔二婶的养育之恩，从参加工作拿到第一个月工资开始，他总是在第一时间把一半工资给二叔二婶送去，从未间断过。二叔去世后，他仍给二婶送钱。

20 世纪 80 年代初期，夏清华所在的文艺团体经营不

紫阳县

善，大家走的走，调的调。时任紫阳县教育局局长的张广田觉得夏清华是个人才，执意要调他去紫阳一中任教。夏清华对张局长说，他在蒿坪镇还有一个婶娘，他要回蒿坪镇照顾她。张局长说这是一个难得的机会，错过了今后就没有了。夏清华说婶娘把他养大，就是他的娘，他要回去。在他的坚持下，最后被调到蒿坪镇小学任教。夏清华的二叔二婶把他们三兄妹养大成人，他们给二叔二婶养老送终，此事在紫阳县已被传为一段佳话。

蒿坪镇虽然只是一个普通的乡镇，但蒿坪镇的汉剧历史却很悠久。据紫阳县县志记载，在 20 世纪 30 年代，蒿坪镇就有了汉剧的自乐社。夏清华小的时候，他的二叔是蒿坪镇自乐社的社长，二叔和演员们在戏楼唱戏时，夏清华就坐在舞台边上近距离欣赏他们的唱、念、做、打，这些都为他早早地成为一名汉剧演员打下了坚实的基础。

人们常说“母亲是孩子的第一位老师”，夏清华说自己唱民歌的第一位老师就是婶娘。他五六岁的时候，常在婶娘身边看她做针线活儿。做针线活儿很枯燥，很容易使人犯困，婶娘为了不让自己犯困，就一边做针线活儿一边唱民歌。夏清华说婶娘唱的民歌《十绣》一进入他的脑海，他终身都不会忘记。“一绣广东城，城里扎大营，要绣曹操点雄兵……”民歌《十绣》在紫阳县有很多种版本，但婶娘教给夏清华的版本永远刻在了他的心上。

令夏清华印象深刻的是，20世纪五六十年代，农村上工、放工都是几十个人一起走，在一个叫“李家刺坝”的地方，人们走在路上就开始唱山歌，上工的时候从下街唱到上街，放工时又从上街唱到了下街，几十个人一起唱着山歌的场面相当震撼。

真正让夏清华喜欢上民歌并下决心要学唱民歌是因为一个叫李庆松的盲人。李庆松从小就失明，只会唱山歌，而且会唱很多首山歌，每到晚上，夏清华就会和小伙伴们在河边或树下听他唱歌。明亮的月光下，一群孩子静静地听着李庆松唱山歌，悠扬的山歌在夜晚飘得很远，很远……

夏清华：我当时年纪小，听不懂歌词，就是觉得这是世界上最好听的声音，想着长大了我也要学唱歌，用自己的喉咙把这种美妙的声音唱出来。

从小立下的志向，几十年都没有改变。从上小学到参加工作，再到失业后外出打工，无论在何种艰难的条件下，夏清华都没有产生过放弃唱紫阳民歌的念头，这也成就了他在紫阳民歌上的辉煌。

**俯身大地，博采众长**

在紫阳县的农村，几乎所有人都会唱歌，只要留神注意，就能听到歌，也能学到歌。盲人李庆松因为会唱很多歌经常被请去参加红白喜事，只要有机会，夏清华也会跟着他去赶场子，一跟就是四五年。在那段时间，夏清华从李庆松身上学到了大量的民歌。夏清华上小学时，音乐老师杨大志早早发现了夏清华出众的嗓音条件，很看重夏清华，于是夏清华成了学校文艺宣传队的骨干。

1969年，初中刚毕业的夏清华参加了安康地区的“三线建设”，民兵团成立了由12人组成的文艺宣传队，夏清华就是其中的骨干。在三线建设期间，经常有部队和铁路系统的专业文艺团队来工地慰问演出，夏清华就借此机会虚心向他们学习，无论他们是在排练还是在演出，夏清华都会认真观看。在这一年多的时间里，夏清华的艺术修养有了很大的提高。

1971 年 3 月，民兵团的文艺宣传队宣布解散，夏清华被通知到紫阳县的剧团报到，主要任务是排演样板戏、折子戏。后来，传统戏恢复，剧团排演传统汉剧，夏清华不但在汉剧里担任主要角色，而且经常在剧团乐队里吹笛子、拉二胡。由于他在剧团里是多面手，被大家戏称为“万金油”。

夏清华的音色虽然好，但音域却不高，所以很多民歌的高音唱不上去。夏清华到蒿坪镇小学任教后，老师们每天早上要给学生喊操，喊操要有很高的嗓音，很多老师都做不了，夏清华就主动提出来每天由他喊操。他利用喊操的机会，每天练嗓子，几个月后，他不仅学会了头腔共鸣，而且也能唱高音，声音的磁性也有了。

夏清华：虽然没有经过专业训练，但在蒿坪镇小学的喊操式练声却奇妙地提高了我的嗓音质量。唱歌的人都得有一个好嗓子，以前听到别人能把高音唱上去，自己唱不了就很着急。最后终于把嗓音练好了，也有磁性了。现在我退休了，仍然在有意识地练嗓子，状态好的时候高音都能唱上去。

夏清华（中间）演唱紫阳民歌《汉水放船》

夏清华下乡采风，搜集紫阳民歌

2003 年，夏清华被调到紫阳县文化馆工作，经常需要下乡采风。在这期间，他搜集、整理、记录了大量散落在民间的紫阳民歌。他手头的一个录音机成了他的宝贝，民间歌手传唱的茶歌、酒曲、号子、船歌等都被他收录其中。向土生土长的民歌手学习民歌也是夏清华的日常功课。紫阳县年长的民歌手大多不识字，他们会唱的民歌也都是由老一辈人口传心授的，完全没有乐谱和文字。夏清华为了学好一首传统民歌，往往得跑很多次。

夏清华：山歌姓山，民歌姓民，不去大山深处向农民学民歌，是无法学到原汁原味的紫阳民歌的。老一辈民歌手肚子里的民歌是文化财富，如果不抓紧时间把这些财富从他们那里接过来，将来就有可能会遗失，失去了就再也找不到了。

**甘为人梯，提携新秀**

如今，紫阳民歌已经成为紫阳县的一张名片。然而和别的非遗项目一样，紫阳民歌后继乏人的问题也日益突出。为了使紫阳民歌这块瑰宝不在自己这一代人手上遗失，多年来，夏清华在培养民歌新秀上面倾注了自己全部的心血。

紫阳民歌新秀金苗：当时夏清华老师来学校给我们教唱紫阳民歌，我对民歌很感兴趣，觉得很好听，就试着唱了唱。夏老师觉得我的嗓音还可以，就开始教我了。他教我的第一首民歌是《小小脚儿红绣鞋》，他是一个字一个字地耐心教我唱的。夏老师也很严厉，一个音调唱得不对都会反复地纠正，不厌其烦。

现在的民歌虽然也有谱子，但只按照谱子来唱是没法唱好民歌的。紫阳民歌有着自己特殊的味道，这种味道只能严格按照老师的口传才能唱得出来。如果唱不出这种独特的感觉，民歌就容易滑向流行歌曲。这些年来，夏清华一直要求学生们保留紫阳民歌的“原汁原味”。

紫阳民歌新秀黄杰在走上民歌舞台前可以说是一个真正的大山里的孩子，他的天赋好，嗓子也是在大山里喊出来的。

刚上了初中不久，黄杰就辍学外出打工。后来，他的初中班主任打来电话说紫阳县要举办民歌大赛，他就抱着试一试的心态参加了，结果得了三等奖。当时在紫阳县民歌大赛当评委的夏清华看上了黄杰的嗓音条件，让黄杰跟着自己学民歌。为了解决黄杰的生活问题，夏清华先是给他找了一份在县城打工的工作，后来又推荐他进入紫阳县民歌传播文化有限公司成为正式职工，黄杰从此开始了他在民歌专业团队的深造之路。

黄杰对于初入公司的情景感触颇深，当时他面对的是众多的前辈和专业歌手，他既胆小又怯场，进入公司后唱的第一首歌是《久不唱歌忘了歌》，这是夏清华教给他的，由于太紧张，唱错了很多音。夏清华不仅没有批评他，还给了他很多鼓励，总是安慰他说：“你慢慢学，事事都不能着急。”

黄杰：夏老师在教我唱民歌方面是很严厉的，我唱的《送饭调》是按照别人的录音学的，但在方言上总是改不了，像“姐儿”和“汗水”两个词，我改了两年，夏老师才觉得可以了。夏老师是我前进路上的指明灯，总是能指给我方向，教我怎么做。当我取得成绩后，他告诉我的总是“多努力，还是要多努力，好的东西永远在等着你”。

为了使更多的年轻人喜欢上紫阳民歌，夏清华经常义务去学校给学生们教唱，还每周定期去紫阳职业教育中心给各个培训班教唱。入选为省级非遗传承人后，夏清华觉得自己的责任更大了，发现新人、培养新人成为他退休后的工作重点。

夏清华的儿子夏江：父亲不是为了金钱而去唱民歌，更不是为了名声去唱民歌，他就是喜欢民歌。我曾经对我父亲说，他的一生只有两个字——民歌。

夏清华给学生们教唱紫阳民歌

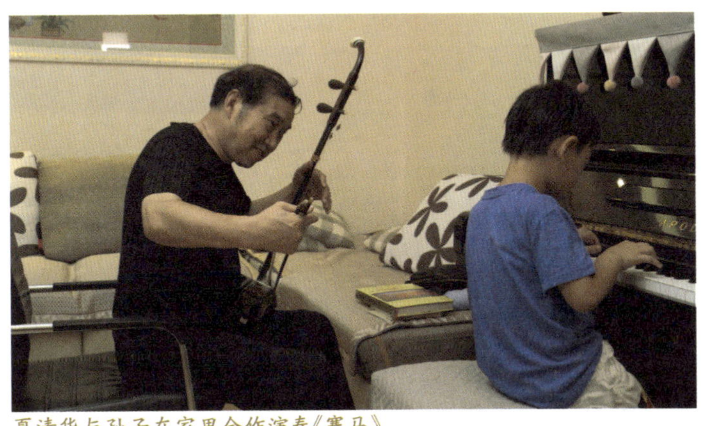
夏清华与孙子在家里合作演奏《赛马》

## 技艺展示

《昨日恋姐去的黑》是紫阳民歌中小调的代表曲目，曲调细腻悠扬，旋律平稳，音域较窄，歌曲内容是对爱情纯真、朴实的向往和倾诉，突出了个人感情色彩。

紫阳民歌《昨日恋姐去的黑》欣赏

## 技艺教学

**紫阳民歌《郎在对门唱山歌》教学**

《郎在对门唱山歌》是紫阳民歌中最具代表性的山歌之一。这首歌的演唱很有特色，先慢后快，结束时再慢，先唱后说，最后再唱，时松时紧，时快时慢，加上地方方言，陕南风味十足。简短的歌词里，反映了年轻男女对爱情的大胆追求和紫阳特有的地方民俗。

紫阳民歌《郎在对门唱山歌》教学

贰拾

满腹山歌满腔情

# 紫阳民歌·王安银

传承紫阳民歌已经成了我的使命，我不图钱不图利，就想把紫阳民歌守住，把它延续下去，让更多的人听到大山里的歌声。

——王安银

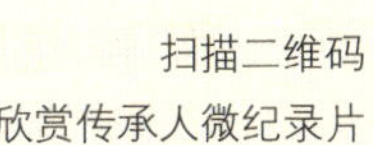

王安银唱响紫阳民歌



## 项目背景

**紫阳民歌**

紫阳民歌的歌词形象生动，曲调优美动听，具有鲜明的艺术风格和地方特色，是紫阳人民在长期劳动中创造出来并流传至今的艺术瑰宝。

紫阳民歌分为山歌、小调、风俗歌曲、花鼓八岔、号子孝歌和新民歌等十几个曲种。其音乐风格大多有着较强的抒情性、叙事性和舞蹈性，适于表演动作、表达情节和反映人物复杂感情。劳动号子是紫阳民歌的基础，而船工号子是劳动号子的内核，在紫阳民歌中占有重要位置，其风格粗犷豪迈，音调、节奏复杂多变，具有较强的生活气息。山歌是指劳动号子以外的各种山野歌曲，是最能代表山区特点的民歌，有很多山歌歌词是在劳动中即兴创作出来的，见景生情，随编随唱，大多是表现爱情的。小调和山歌一样，歌词较为固定，其曲调细腻流畅，节奏平稳，音域较窄，具有较强的叙事性和个人感情色彩。风俗歌曲是流传较广的民间口头文艺形式，是一种即兴创作歌曲，见啥唱啥，想啥唱啥，是反映紫阳人民生活习俗的歌曲。新民歌是新时代和新生活的产物，是具有鲜明时代特征的新创紫阳民歌。

王安银多才多艺，德艺兼备。他会打锣鼓、吹唢呐，还会唱多种民间曲调，尤其擅长通山歌、孝歌和花鼓子。他的演唱以悠扬委婉、诙谐风趣和即兴创作取胜。

2017 年，王安银入选为陕西省第五批非物质文化遗产项目紫阳民歌代表性传承人。

## 艺术人生

**少小苦难，未失其志**

1963 年 7 月 23 日，王安银出生在紫阳县界岭镇的一个小山村里，父母都是老老实实的农民。王安银 12 岁那年，母亲去世，这让本就清贫的日子更加难以为继，刚上初中的王安银因为交不起学费和粮食，就此辍学。为了减轻家里的负担，身为家里男丁的王安银和哥哥每天天刚蒙蒙亮就到山上挖野菜，白天还要下地干农活儿。到了冬天没吃的了，他们还经常跑到邻县去找吃的。

王安银的父亲经常会在干农活儿的时候唱民歌，这为王安银灰色的生活带来一丝明亮色彩。由于界岭镇地处巴山深处，交通极不便利，因此当地人的文化活动相对较少，他们从很早以前就开始通过自编自唱的歌曲来给生活增加乐趣，抒发情感。

王安银的家乡

王安银：我发现大人们在干农活儿的时候经常哼唱歌曲，后来才知道，这是我们紫阳当地的民歌。那个时候我经常找父亲和村里会唱民歌的老人教我唱，因此学会了许多老歌。

为了掌握更多的民歌曲目，王安银经常去周边的村子向一些德高望重的民歌手请教，遇到不会唱的就在本子上记下来，为了学习民歌，他走遍了周围的十里八乡，那时候他只有 14 岁。

**成家立业，斗歌扬名**

天资聪颖、勤奋好学的王安银，因为上过几年学，很早就被村里安排了工作，负责保管村里的农具和粮食。

后来，有了工作的王安银和青梅竹马的姑娘成了婚，就这么立了门户，成了一家之主。1979 年冬天，王安银迎来了婚后的第一个春节，一顿并不算丰盛的年夜饭过后，一大家人围坐在火堆旁取暖，王安银主动唱起了民歌，这时他的岳父说："你咋不去给人唱花鼓子，唱孝歌啊?"

在紫阳县，但凡婚丧嫁娶时，都要请民歌歌师（一般兼任支客师）来唱上一场。遇上丧葬白事时，逝者的家人要为逝者守夜，在这期间，要找会唱孝歌的人唱一夜，内容大多是为逝者歌功颂德。遇上婚嫁喜事时，歌师除了唱一些关于家庭和谐或孝顺公婆的歌曲外，也会对唱情歌，烘托喜庆的氛围。

虽然当时的王安银已经从父亲和村里老人口中学会了许多民歌，但真的要到正式台面上去唱，尤其是在连续唱一晚上孝歌的情况下，唱的内容还不能一样，王安银心里直犯嘀咕。那一年，王安银妻子的一个四川亲戚过世了，要请歌师唱歌，在妻子和众人的劝说下，王安银想着离家远，就算丢人，老家也没人知道，便去了四川。

人生地不熟的王安银到了才发现，主家也请了当地的几位歌师，他这个外地来的歌师一下就成了被挑战的对象。当地的歌师要么不搭理他，要么就怂恿他唱几句，想试试他这个外地人的深浅。见此情形，不服输的王安银一口气喝完一大碗酒，借着酒劲儿和他们对起了歌，一句句歌词从脑海中蹦了出来，王安银一个人对唱四五位歌师，整整一夜过去，气势却丝毫不减，当地歌师心悦诚服。

这次斗歌经历传到了紫阳县，王安银在界岭镇甚至紫阳县都有了名气，人们都知道有个唱孝歌很厉害的王安银。随后几年里，县里许多民俗场合都邀请王安银去唱歌助兴。

**几经波折，登上舞台**

以前，请歌师唱歌助兴是没有报酬的，大多都是送些毛巾、香皂、草鞋之类的生活用品。王安银的妻子在生第一个孩子时得了一场大病，一两年的时间没办法干重活儿，为了养活这个家，王安银不得不暂时放下自己心爱的民歌，去做那些能增加家庭收入的工作。那段时间，他下河淘过沙子，去汉中山里割过漆，去四川伐过木头，也去建筑工地里打过工，还当过电工，管过变压器。后来日子一天天变好，埋在王安银心底多年的民歌梦又重燃了起来。

王安银：那几年虽然很困难，但是只要谁家过事（婚丧嫁娶等红白喜事）邀请我去唱，我都会去唱上一场，不要钱，就图个高兴。

有一次，镇里有一家办结婚典礼，请王安银去唱歌助兴，他二话不说便推掉了手边挣钱的活儿答应了下来，这一去就是四天。当时他家养的七十多头羊感染了疫病，几天的时间就死了二十多头，回到家中的王安银虽然心疼，但却从没后悔过。

王安银渐渐成了远近闻名的“山村歌手”，请他去唱歌的人也越来越多，王安银经常四处赶场，一出去就是十几天，每天基本上都在大山中度过，家人也曾多次劝他，“又不挣钱，一天天的不知道你图个啥”，王安银总是乐呵呵地说：“山歌是我的命。”

王安银：后来社会慢慢变了，我去唱歌也有人给钱了。刚开始，自家附近的我都不愿意收钱，离得远的我也就收个路费，我想着我来唱歌又不是为了挣钱。

1998年，紫阳县举办首届紫阳民歌大赛，听说此事的王安银激动得立即想去报名，可家人却反对他参加，想让他收收心“干正事儿”。为了在更大的舞台上唱歌，也为了试一试自己这个原生态民歌手在专业舞台上是否依旧受欢迎，王安银骗家人说自己去紫阳县找活儿干，却悄悄地去报名了。

王安银：当时一来一去，我整整花了六天时间才把名报了，回家以后家里人问我活儿找的咋样，我就说没找下，白跑了几天。

后来，王安银依然瞒着家里人去参赛，他演唱了最拿手的《挑水调》，表演完后，评委的点评褒贬不一，有的觉得这是野路子，味道不对，有的觉得这才是原生态的民歌。大赛评委主任张宣强评价说：“脱离了原生态，打造紫阳民歌就是一句空话，只有群众的广泛参与，才是对非物质文化遗产的有效保护。”最终，王安银获得了此次大赛的优秀奖，还拿到了人生第一笔比赛奖金 50 元。自那以后，王安银坚定了唱民歌的决心，他坚信草根歌手也能撑出一片天来。

**搬出大山，传播歌声**

大赛获奖，王安银一下成了紫阳县小有名气的歌手。洄水镇党支部叶书记找到王安银，希望他搬出大山，把文化活动办起来，让更多的人听到紫阳民歌。王安银心动了，可一想到家里窘迫的经济条件，他没敢答应。为了让沉寂多年的洄水镇热闹起来，叶书记一次又一次地上门劝王安银，设法解决他家的实际困难，并亲自为他选址、选房。

2009 年 9 月 16 日，王安银一家搬到了洄水镇街上，当天紫阳县文化和旅游广电局领导还带着定制好的“紫阳民歌传承示范户”和“民歌传承人”牌匾到场祝贺。周围的人都说：“王安银来了，洄水湾热闹了。”

王安银搬到洄水镇以后，牵头组建了民俗文化鼓乐队、秧歌队，他还到紫阳县文化和旅游广电局申请器材设备，组织策划传统节日欢庆活动，让洄水的民俗文化再现舞台。

王安银成了洄水镇文化活动的领头羊，在经济情况好转后他组建了民俗文化演出队，为了解决出行和演出舞台的问题，他还借钱购买了音乐大篷车。

王安银：这个大篷车里面有液压升降装置，四面打开以后是一个三十多平方米的小舞台，十几个人在上面表演都没有问题。

从十多年前的小音箱、摩托车，到现在的音乐大篷车，王安银跑遍了紫阳县和周边区县的每一个角落。无论是在平坦宽阔的水泥路，还是在泥泞坎坷的乡间小道，都曾留下过他的脚印。虽然很苦很累，但是每当乡村歌迷们带着欢笑簇拥过来时，王安银觉得这一切都是值得的。

**跌宕半生，心系传承**

王安银为了谋生，干过很多事情，遇到过贵人相助，也吃过许许多多的亏，已经年近花甲的他至今还欠着几十万的债务。可无论从事何种职业，生活再怎样艰苦，他始终没有放弃过唱歌，他的家人也从开始的不理解、埋怨，慢慢变成了默默支持。

如今的王安银记忆力衰退，歌喉不再似年轻时那般嘹亮，腰杆也不再笔直挺拔，创作民歌和培养下一代民歌手成了他的新目标。多年来，王安银搜集、抄写传统民歌歌词近 10 万字，自行编创民歌歌词近 20 万字，传授学生 100 多人。

王安银：我教导过那么多学生，有的把唱民歌当作业余爱好，有的坚持了下来成了出名的歌手，我现在就想尽我所能，让更多的人了解、学习紫阳民歌，把它传承下去，吃多少苦我都高兴。

如果不是紫阳民歌，王安银或许只是一个普普通通的农民，还在为生计而奔走，可正是因为那一份痴迷和坚守，让这个消瘦、和善的农村汉子显得与众不同，传奇人生在开始时往往是平凡、朴素的，但小人物也可以有大作为。

## 技艺展示

“锣鼓草”是流行于陕南汉中和川北广元等山区的一种传统民俗文化形

式，山区人民在田间薅草时，为了加快进度，一至三人在人群后，边敲锣鼓，边唱督工歌，随机编，随情唱，以激发人们干活儿的热情。该形式使生产场面热闹活跃，减轻了人们劳作时的疲乏、劳累和寂寞之感。

"锣鼓草"欣赏

## 技艺教学

**通山歌《对门打伞就是他》教学**

通山歌是可以即兴编词的山歌，曲调多为固定格式，是在非正式场合（山野、农田等）演唱的流行民歌，内容多抒发爱情。

通山歌《对门打伞就是他》教学

贰拾壹

## 山歌不唱不开怀

# 紫阳民歌·何耀信

我从小就喜欢学、喜欢唱紫阳民歌，我热爱紫阳民歌。每一首民歌背后都有它自己的故事，我们的传统文化要走向大舞台，先要从讲好故事开始。

——何耀信

扫描二维码

欣赏传承人微纪录片

何耀信敲起鼓，唱起歌



## 项目背景

### 紫阳民歌

紫阳是一块文化土壤，被誉为“中国民间艺术之乡”和“民歌之乡”，山野间的诸多民歌漫出音符，环山飞扬，行如流水，纯真自然，轻盈而高亢，婉转而热烈。

紫阳人谈情说爱时，要唱缠绵热情的“情歌”“盘歌”；办丧事时，要唱凄凉、悲哀的“孝歌”“送葬歌”；在地里干活儿时，要唱高亢、激越的“号子”“锣鼓草”；采茶时，要唱悠扬、婉转的“花山姑娘”“牧羊恋歌”；婚嫁时，要唱“哭嫁歌”“迎亲歌”；行路时，要唱“报路歌”“樵歌”；等等。紫阳人所唱的民歌是与劳动生活紧密相关的，他们常说“一天不唱，喉咙发痒，一时不唱，日子就显得冷秋秋，一刻不唱，便失去了开心快乐”。

民歌起源于人类劳动生活实践。在紫阳这块土地上，有了先民的劳动生活身影，便有了紫阳民歌的开端，正如民歌所唱的那样，“立春唱到谷子黄，日月多长歌多长”。

何耀信，嗓音高亢、有磁性，记忆了数千首原生态紫阳民歌，能口头即兴编创健康向上、喜闻乐见的应时歌曲，收集、创作登山小调、船工号子、新民歌等民歌作品百余首。

2010 年，何耀信入选为陕西省第二批非物质文化遗产项目紫阳民歌代表性传承人。

## 艺术人生

### 不唱山歌不欢畅

何耀信出生后不久紫阳县就解放了，在刚刚解放的陕南地区，人们的生活仍然很困苦。何耀信家兄弟五个，按“仁、义、礼、智、信”起名，何耀信最小，他的大哥比他大二十多岁。加上姐姐和妹妹，全家七个孩子，连吃饭都成了问题，所有孩子都去上学自然不可能，妹妹几乎没有念过书，最有学问的大哥也只有小学二三年级的文化水平。

在能吃顿饱饭就很知足的年月里，何耀信最兴奋的事情就是跟着四个哥哥走上几里路，再翻一道山梁，去和黄家的五兄弟赛歌。每当坡上的农活儿干完了，该收的已经收了，该种的也都种了，黄家五兄弟捎了话来，让何家五兄弟有时间就过来一起唱歌，于是他们就聚到了黄家。

黄家兄弟先亮了歌喉：“豌豆都要开了花，排呀队排呀呀，你是行家你上台对歌啊，不是行家请走开呀。”何家兄弟开始对了：“你也唱的民歌，我敢来吆喝，不是行家不上台咿呀，我的民歌多得很啊，把你陪到明

何氏三兄弟（右为何耀信）

啊早晨咿呀哈。”对歌的时候，桌上放一瓶自家做的苞谷酒，放一个小酒盅，谁对不上对家的歌，谁就喝一小盅酒。

何家大哥接着唱：“什么穿青又穿白，什么穿的瓦灰色，什么穿的十样景，什么穿的是一点儿墨？”黄家大哥接了歌：“鸦雀是穿青又穿白，斑鸠嘛穿的是瓦灰色，锦鸡嘛穿的十样景啊，乌鸦都穿一点儿墨呀。”……

何家五兄弟和黄家五兄弟就这样一直对着唱，越唱越热烈，越唱越有气氛，越唱越开心。少年时的何耀信时常在想黄家兄弟怎么会唱那么多歌，当然，何家兄弟会唱的歌也不少。在这样的对歌会上，何耀信学会了许多民歌。

何耀信：我们唱的好多歌他们不知道，他们唱的好多歌我们也不会，就互相交流。如果没有对手，没有互相交流，就学不到那么多东西。

当年物质资源异常匮乏，紫阳民歌无疑是何家兄弟的精神食粮，让他们在美妙的歌声中扛过了艰难困苦。

**学歌如同蜂采蜜**

紫阳县多山多水，人称“六山三水一分田”。自古以来，人们依山水而居，择慢坡而植，这样的生存状况使得喜欢唱民歌的农民如珍珠般洒落在山村院落间。老一辈的歌手大多不识字，民歌的传承都是靠口口相传。

何耀信在干农活儿的时候总喜欢唱两句民歌

喜欢学歌、唱歌的何耀信只在村里简陋的学堂上过两年学，没有多少文化知识。为了学歌，他不辞辛苦，四处拜师，只要有婚丧礼仪的场合，他都尽量去参加，为的是能到现场学到自己不会唱的民歌。到了采茶季节，山坡上到处都能听到茶歌，为了学唱不同地方的茶歌，何耀信还帮别人采茶、炒茶、运茶。

何耀信：我就是喜欢民歌。因为勤快，而且有这个爱好，我就学得很快，学一首记一首，就装到大脑里去了。

紫阳民歌的内容涵盖了紫阳人民劳动与生活的各个方面。为了学“船工号子”，何耀信和船工一起跨过江，拉过沙；为了学“打夯号子”，他和工人们一起抬过石头，垒过河坝……只要能学唱歌，别人上山他也上山，别人下河他也下河。民歌就如同盛开的鲜花，何耀信就像一只勤劳的蜜蜂，哪里有歌声，哪里就有他的身影。凭借着自己的勤奋和极强的记忆力，何耀信二十多岁时就会唱近千首紫阳民歌，成了远近闻名的民歌手。

**何家大院歌如潮**

20 世纪 90 年代中期，全国各地的城市周边纷纷兴起了办“农家乐”的风潮，何耀信家的祖屋就在马路边，他们也像别的农户一样办起了农家乐。来何家大院吃饭的熟客都知道何耀信和他的家人会唱紫阳民歌，酒酣时都会请何耀信唱唱民歌。热情好客的何耀信总是会满足顾客们的要求，时间久了，来何家大院的人多了起来，大家不为吃饭，大多是来听何家人唱紫阳民歌的。

2001 年，原陕西省文化厅给何家大院颁发了“紫阳民歌何氏传承基地”的牌匾；2006 年，紫阳县委、县政府把何家大院命名为“民歌大院”，何家大院成为紫阳县文化旅游的一个景点。

每年春日采茶时或夏日夜晚纳凉时，何家大院总是座无虚席。人们品尝着何家大院的紫阳菜肴，听着悦耳动听的紫阳民歌，歌声、笑声在汉江的上空荡漾着。

**老树新芽勤创新**

2010 年，何耀信组建了一个以自己家族成员为主体的民歌演唱队，坚持到农村为群众演出，并积极带教徒弟，培养新人。装了一肚子紫阳民歌的何耀信并没有因为自己会唱大量的民歌而满足，他觉得紫阳民歌的延续与发展离不开创新。

何耀信：创新是我的爱好。我看电视只看新闻，看完中央新闻，接着看陕西新闻、安康新闻、紫阳新闻。看新闻上有什么好的方针政策，我把重要的都记下来，为了创作做准备。不创作一首好的作品出来，我甚至两三个晚上都睡不着觉。

为了宣传党的政策，表达对党的感恩之情，何耀信根据电视上看到的、听到的内容创作了快板书：

党的温暖暖人心，

文化下乡送上门。

中国梦想就是好，

脱贫攻坚很重要。

全面小康有目标，

小康一路好风光。

中央政策就是好，

农民得到了实惠。

衣食住行大提高，

党的恩情记得牢。

为了宣传紫阳的旅游特色，何耀信还创作了旅游节目快板书：

紫阳旅游新亮点，

滨江长廊在江边。

五省会馆文笔山，

晚上夜景更好看。

先吃紫阳农家饭，

再品紫阳富硒茶。

紫阳水好空气好，

紫阳风光美如画……

这样的快板书对于能识文写字的人来说也许并非难事，但对于文化水平不高，只能在心里创作、在心里记录下来的何耀信老人来说，却是极不容易的。不管是在何家大院，还是在别的场合，何耀信都能将心中的紫阳民歌脱口而出，朗朗吟诵。

紫阳有句俗话，“一天不唱喉咙痒，两天不唱心发慌”。何耀信生性乐观、旷达、幽默、风趣，爱说笑、喜唱歌，年逾七旬的他还一直坚持给想了解、学习紫阳民歌的人义务教唱。

何耀信：在紫阳，每个人都喜欢听民歌、唱民歌，为大家教唱民歌、传承民歌是我最大的希望和责任。

走在江边，唱着紫阳民歌，何耀信非常满足

## 技艺展示

何耀信：我要活到老，唱到老，让紫阳民歌这颗大巴山深处的明珠永放光彩。

紫阳民歌《高高山上一副磨》欣赏

## 技艺教学

### 花鼓子鼓点教学

演唱花鼓子时不用丝弦竹管伴奏，支上锣鼓家什即可开场，演唱内容从时政要闻、本地风土人情到劝人向善的历史故事和经典传统段子，不拘一格。花鼓子鼓点分为三拍，民间艺人称之为“三起头”，一般唱完第二句后起头拍。花鼓子音调自由，可根据演唱者嗓音条件而变化，既可翻音跃调，又可平和咏唱，唱词多为即兴编创，褒奖夸赞，所以即使唱破嗓，听众也会鼓掌叫好。

花鼓子鼓点教学

贰拾贰

# 坚守大巴山，唱响渔鼓调

# 镇巴渔鼓·刘光朗

渔鼓和民歌在陕南这个地方就是姐妹艺术，而且是属于血缘关系很近的姐妹艺术。在渔鼓里经常会出现民歌的元素，像民歌里的一些小曲在渔鼓里表现就成了渔鼓民歌。在陕南民歌里也能够找到渔鼓的元素，它们在交融与互补中延续。

——刘光朗

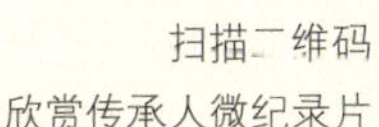

镇巴渔鼓表演



## 项目背景

**镇巴渔鼓**

镇巴渔鼓是陕南地区传统民间曲艺中的主要曲种之一，主要流传于陕西省汉中市镇巴县的盐场镇、观音镇、泾洋镇和青水镇。

镇巴渔鼓是以汉中镇巴话为唱、白基准语音，一人兼多角坐唱，采用曲牌和板腔综合体讲唱故事的陕西地方曲种，明末清初时已在镇巴盛行，据传是由川、鄂籍移民带入，与四川“竹琴”有较密切的关系。当地人称渔鼓为“渔鼓筒”“道筒”“竹琴”等。

镇巴渔鼓的表演内容以伦理道德、警世劝善等为主，表演风格清丽委婉、古朴优雅，不受演出场地和观众多少的限制，深受群众喜爱。

镇巴渔鼓具有艺术性、观赏性和一定的审美价值，在音乐方面有着很高的艺术价值，在人类学、语言、民俗、文学等方面同样有较高的艺术研究价值。

2007 年，经陕西省人民政府批准，镇巴渔鼓被列入陕西省第一批非物质文化遗产名录。

2008 年，刘光朗入选为陕西省第一批非物质文化遗产项目镇巴渔鼓代表性传承人。

# 艺术人生

## 外婆家是小时候的第一课堂

1937 年，刘光朗出生在川陕交界的万源县官渡乡（今万源市官渡镇）。这里虽然大山重叠，但山缝隙中的一个峪口却成了往来于川陕的交通要道，刘光朗的外婆就在路边开了一家客栈，接待往来客商。

外婆家所处的位置四面环山，非常偏僻，村里人要买日常用品必须走路到很远的地方，但他们都很乐观，还爱唱民歌、听民歌。刘光朗的外婆是个热情好客的人，冬天冷了，地里的活儿也不多了，她就会炒些花生和葵花子，把街坊邻居们请到家里来，大家围着火盆，敲着盘子，敲着碗，乐乐呵呵地唱着民歌，听着民歌。寒冷的冬天很长、很难熬，但伴随着好听的民歌，大家便觉得日子没有那么难了。

刘光朗：当我还不会走路时，听民歌就听得入了迷。五六岁时，我就会唱一些简单的民歌了，夏天和小伙伴去田坝的时候我会一边唱民歌一边捉鱼。夏天薅秧的时候，村里人唱着薅秧的号子，我感觉非常好听。可以说从小我的心里就种下了民歌的种子。



刘光朗的家乡

刘光朗的童年时代正是中国人民抗日战争最艰苦的时期，但处在大巴山深处的人们却并没有过多地受到战争的袭扰，南来北往的客商和流动的人群反而更多了，这让刘光朗对外面世界的了解比别的孩子多了一些。

**走出大山，又回到大山**

刘光朗的大哥结婚的时候，刘光朗只有七八岁。大哥的朋友给大哥结婚送的贺礼是一幅画，画的内容很简单：一只梅花鹿的嘴里衔了一枝花。这样一幅简单的画却让刘光朗小小的心灵产生了极大的震动，他觉得这幅画太美好了，从此以后，他的脑海里总会出现梅花鹿和鲜花这样的形象。

刘光朗：梅花鹿衔花这幅画让我入了迷，从此我爱上了画画，经常会捡一些粉笔头，拾一些河里的石子，在街坊邻居的门上画鹿，画猫，大家都说我画得太神了。后来在学校里，我的绘画成绩是全班第一名，我的图画课作业每次都要在全班展出。

小时候的刘光朗想长大后当画家，然而，音乐的种子在他的心里种植得更早一些，当时机成熟就会萌发。1953 年，几个来自重庆的女教师在学校文艺演出时的美妙歌声深深地吸引和感染了刘光朗。霎时间，他觉得小时候所熟悉的歌曲都在胸膛里奔涌，总想脱口而出。

刘光朗：1954 年元旦，学校要举办迎新春联欢晚会，我们班主任是音乐老师，他知道我平时唱歌声音纯亮，就让我代表我们班出一个独唱节目。我说我不行，我从来没有在台子上唱过歌。班主任鼓励我说："你就当你在山上唱歌，有啥怕的。"我想，干脆就放开胆子唱，唱了一首《放牛歌》。这一唱就得到了台下老师和同学们的热烈掌声。从此没有人叫我的名字了，大家给我起了外号，叫"牛高音"。

刘光朗的变声期比较晚，十六七岁的他依然拥有嘹亮的童声。1954 年元旦晚会后，刘光朗成了音乐老师的得意门生，只要县里有文艺活动，音乐老师就会带着他去唱歌助兴。只要刘光朗一登台，一亮嗓子，台下总是一片掌声。

1956年，刘光朗初中毕业了，原本要继续读高中准备考大学的他，接到了学校要保送他到陕西省西安师范学校学音乐的通知。刘光朗很激动，他步行了一天半，先把这个好消息告诉了外婆。第二天他又步行返回镇巴，从镇巴到西乡仍是两天的路，到了西乡县城，刘光朗第一次见到了汽车。从镇巴到西安，刘光朗除了少数几段路“享受”了坐卡车的待遇外，其他大多数路段都是步行。

大山里的孩子走进西安，无疑是走进了一个色彩斑斓的大世界。刘光朗在西安读了三年书，三年的时间并没有让他在大世界里迷失自己，毕业后，他仍然回到了属于自己的大山。

刘光朗在西安的大街上敲花鼓、搞宣传(1958年拍摄，前排中间为刘光朗)

刘光朗：我在西安上学时搞宣传，在大街上敲起陕南的花鼓，我当时还算有些名气，有些单位想要我。但是镇巴保送了我，我

刘光朗工作照(1964年拍摄)

必须回镇巴，我不能把我的根丢了。我回到镇巴就被分配到镇巴中学教书，教了三年，当了两年的班主任。

在镇巴中学教书时，刘光朗把在西安上学时学到的知识用在音乐教学中，把陕南花鼓、陕南民歌和四川民歌引入教学，受到了学生们的欢迎。

**渔鼓总是在心里敲响**

刘光朗的祖父刘志中早年是川陕交界有名的渔鼓行家。有一次，刘光朗的祖父晚上歇在一家茶馆隔壁的客栈，闲来无事就拿出随身带的渔鼓自娱自乐起来，茶馆的老板听到后第二天就把他请到茶馆，唱了几曲后，茶馆老板就提出要高薪请他留在茶馆给客人打渔鼓，他果断拒绝了茶馆老板的聘请。刘光朗的祖父说，他师父当年有交代，打渔鼓是艺术，不能为了挣钱而卖唱。

刘光朗没有见过自己的祖父，但祖父对渔鼓艺术的那种热爱却影响了他的一生。1975 年，刘光朗得知他祖父的徒弟周宗海渔鼓打得好，而且会的曲目很多，他觉得再不把这位老艺人的手艺留下来，就没有机会了。于

刘光朗在陕西省人民剧院后台(1997 年拍摄)

是他想方设法从县里借到了老式磁盘录音机，找到周师傅后，他录了一首渔鼓长曲《王子珍挂画》，后来又录了《长亭铡勉》《金山问道》等曲目。这几首曲目录完后不久，周宗海师傅就去世了，刘光朗抢救的曲目成了老渔鼓艺人的绝版曲目。

刘光朗：我觉得一定要改变渔鼓的演唱形式，一定要出新。我要把它搬上舞台，将原来的单人演唱改为多人演唱，再把舞蹈加进去。我还在保留渔鼓传统唱腔的同时，创作了现代题材，比如《军民一家》，“巴山竹子根连根，巴山军民心连心”，这样改进以后很受欢迎。

刘光朗深知镇巴渔鼓是非常宝贵的民间文化遗产，而把这一艺术形式传递下去则是他义不容辞的责任。从 20 世纪 80 年代开始，刘光朗就有意识地在青年一代身上进行渔鼓艺术的引导与培养。

刘光朗：有个唱民歌的叫彭光琴，我说既然你唱民歌嗓子这么好，那么你唱渔鼓小曲也会有好的效果。我们县文工团的王宝斌团长文化程度高，悟性好，接受能力强，我给他编了一段曲子，他很快就学会了，渔鼓的打法也学得很快，我发现他基本上掌握了渔鼓的演唱规律。

退休以后的刘光朗并没有放下自己搜集、整理民间渔鼓曲目的工作，他决心把有限的生命都留给镇巴渔鼓，他觉得只要是美好的音乐，注定是能永远留存的。

刘光朗在学校进行渔鼓教学

## 技艺展示

《金山问道》是镇巴渔鼓的传统曲目，是根据川剧《白蛇传》中的某些内容改编而成的。其音乐采用渔鼓的二六板式，旋律流畅，富有“劝善调”的韵味，句词中运用了连锁句式，环环相扣，别有情趣。

镇巴渔鼓《金山问道》欣赏

## 技艺教学

**镇巴渔鼓《卧牛石》教学**

镇巴渔鼓的表演形式旧时是单人坐姿有说有唱，说唱结合，以唱为主。将渔鼓搬上舞台后，其表演形式有了很大的变化，表演人数可多可少，表演姿势可坐、可立、可舞，可领唱、对唱、齐唱、重唱、合唱，甚至加伴唱说白，还可以加其他乐器伴奏。

镇巴渔鼓《卧牛石》教学

贰拾叁

# 同朝皮影戏·王进法

## 光影之下演绎人生百态

我从小就特别喜欢皮影戏，“亮子”里头那些人物、桌椅、花草、蝴蝶、武将、侍女……咋都那么好看，拿啥做的？小时候就是想不通。皮影戏对我太有吸引力了，那时候秦腔叫乱弹，我觉得皮影戏比乱弹好听，所以后来就一门心思学皮影戏了。

——王进法

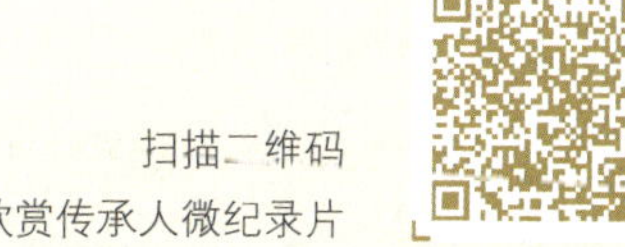

同朝皮影戏《献连环》



## 项目背景

### 同朝皮影戏

同朝皮影戏是陕西省渭南市的一种传统民间艺术形式，包括了皮影雕刻、皮影表演和碗碗腔唱腔。皮影的制作包括选料、制皮、雕镂、彩绘、熨烫、连缀等工艺流程，其手工精细，线条流畅，文人雅士清秀文静，武生将军英武雄悍，服饰图案丰富多彩。因皮影靠灯光的透射映在白布上，所以俗称“亮子”。皮影戏表演时，设备简单，艺人们常说“席子一卷，亮子一展，油灯一点，就开戏了”。表演由五人完成，分别叫作前声、签手、后槽、上档、下档，从唱、念、做、打到吹、拉、弹、唱，五人均有明确的分工。同朝皮影戏的唱腔为碗碗腔，其名称来源，一说因其节奏以打击小铜碗而得名；一说因领奏用的乐器月琴旧称“阮咸”，又名“阮儿腔”，衍化成为碗碗腔。由于受地区语言、民间音乐和剧种的影响，同朝皮影戏形成了自己独特的风格，它的曲调明快、高亢、细腻、华丽，唱词典雅且通俗易懂，行当齐全，唱腔、唱板丰富多彩。

同朝皮影戏经过上百年的流传，具有深厚的群众基础，时至今日，每逢庙会、婚丧嫁娶、贺寿、节日之时，当地人大多会请人表演皮影戏来助兴。皮影戏成为群众生活中不可缺少的一种娱乐形式，曾被誉为“陕西一绝”，是当之无愧的民间艺术瑰宝。

2013 年，经陕西省人民政府批准，同朝皮影戏被列入陕西省第四批非物质文化遗产名录。

2014 年，王进法入选为陕西省第四批非物质文化遗产项目同朝皮影戏代表性传承人。



## 艺术人生

**弦子一响，人心就乱了**

王进法自己也说不清当年的陕西省渭南市大荔县，尤其是黄河西岸一带怎么会有那么多的皮影戏班子，也说不清这里的人怎么会对皮影戏如此痴迷。儿时的王进法最大的爱好就是每天晚饭后到周边去找皮影戏看。有时候王进法正在旷野的土路上行走，突然听到戏班子的弦子拉响了，他整个人的心就乱了，然后飞快地向有皮影戏的地方奔去。

人们观看皮影戏的场景

皮影戏幕后一角

看戏的王进法并不像别的观众那样规规矩矩地坐或站在“亮子”前面，他总是会悄悄地揭开围帘，钻进后台去看艺人们的表演。在他的眼里，操纵皮影的艺人无比神气——双手拿着一两个甚至四个皮影人物挥舞着，就像一位将军正在指挥着千军万马。演到激烈处，操纵皮影的艺人往往是赤裸着上身，嘴里大喊着：“马来了！杀杀杀！”整个后台热气蒸腾，乐器声大作，宛如激烈的战场。

王进法：在外面看皮影戏总是不过瘾，我老是琢磨里面有几个人唱呢，咋还有男有女？钻进去一瞅，才一个人唱，而且没女人啊，咋这么奇妙。

王进法 15 岁时小学毕业了，学习成绩很不错的他却不愿意再进学校，他要进的是皮影戏班子。大荔人都爱戏，所以这里的戏班子就多。明末清初时，大荔县竟有 80 多家皮影戏班子，光沙底村一个晚上就能同时开 10 家戏，唢呐声响成一片。大人们爱看戏，娃娃们学戏也就不被反对了。

同朝皮影戏是“五人忙”，多一人不行，少一人也开不了戏，这五个人个顶个都得是高手。

王进法：同朝皮影戏虽然是一个人在唱，但生、丑、净、旦齐全。唱的人必须把老汉、老婆、花脸、丑角等这些人物的声音都发出来，让底下看戏的观众分辨不出来。五个人中有一个废角都不成，否则这戏就演不好。

学戏很难，也很苦，但王进法从进戏班子的那一天起就没有退缩过。他虽然文化程度不高，但爱看书，很多历史故事他都熟悉，加上对皮影戏的热爱，他的接受能力和学习能力很强，很快就受到了戏班子里老艺人们的喜爱。

**既是好班主，又是好村主任**

15 岁就辍学学习皮影戏的王进法，凭着自己刻苦求学的精神，在学习皮影戏的各项技艺方面有着超乎寻常的进步速度，20 岁的时候就成为戏班子里的一把好手。随着班社人员的逐年更替，王进法也有了组建班社的想法。组建班社除了要凑齐精明强干的“五人忙”外，最重要的就是要有“戏箱”，即表演皮影戏的各类皮影和其他演出道具。皮影戏从古至今的行规：班主自然是“箱主”，演出分成时，“五人忙”的五人各占一份，戏箱占一份。由此可见戏箱在皮影戏中的分量。

为了凑齐置办戏箱的资金，王进法用了将近十年的时间，他除了节衣缩食外，还四处举债，甚至把家里的东西“偷”出去卖了换钱。在人们生活都很困难的年代，王进法能把戏箱置办完备简直是一个奇迹。

王进法：当年办箱的时候，啥苦都吃过，啥人都求过，啥钱都借过。我成立的班社开始叫大荔县皮影社，班主是我，现在叫同朝皮影社，班主还是我。我现在挂的是渭南市皮影协会同朝皮影剧团的牌子。

王进法当演员是一流的，当班主、当村主任也是一流的。

王进法：我要对我的人生负责任，我热爱戏剧文化，热爱皮影戏，我就要把它搞好。我可能是第二名，但我总在找第一名，找差距，找问题，不断提高，我要让自己的剧团成为最好的。

一门心思都在皮影戏上的王进法在他四十几岁的时候，却被村民们推到了村主任和村党支部书记的岗位上。王进法在剧团的事情太多，他担心自己干不好，想推辞。村里的党员就批评他：“你是不是党员？是党员就得服从决定。”王进法说：“那我服从，但我有一个要求，在我担任村里职务的时候，不能耽搁我唱戏，有戏我就得走，我把村里的事安排好后就走。”村里人从来没有觉得他把戏看得比村里工作还重要是错的，他们知道王进法把戏看得比命还重要。

王进法把皮影戏看得很重要，但他却并没有因此而影响村里的工作，他要求自己做到四个字：实干廉洁。在他担任村主任的十几年间，村里的路被修平了，村里的路灯变亮了，村里的臭水沟问题解决了……现在，王进法不担任村主任将近二十年了，但村里人见到他时仍然尊敬地称他为老村主任。

**幸福是皮影戏带来的**

王进法有三次改变自己命运的机会，但他都放弃了。第一次是渭南市戏剧文工团的导演看上了他，要调他去当演员，他没去。第二次是甘肃一个县剧团来大荔县八鱼乡演出，剧团领导看了王进法的三场演出，提出要

王进法在自家院子里悠闲地弹着琴，唱着戏

接收他们整个班社的人员，并把他们编入体制内，王进法没答应。第三次是大荔县文化馆要成立创作组，文化馆领导知道王进法有写戏的才能，要调他去，他又婉言谢绝了。

王进法：我一点都不后悔，我是共产党领导下的新时代的农民，我现在这样挺好，我很满足。我的四个娃娃都是大学生，我还要啥？

王进法的大儿子就读于西安交通大学，毕业后留校任教。大女儿就读于西北大学，毕业后进入解放军西安政治学院工作，之后又被调至中国人民解放军国防大学，大校军衔。二儿子在西北大学毕业后，先后在几个国企任厂长和经理。小女儿考上了宝鸡文理学院，毕业后在西安工作。

孩子们虽然都不在王进法的身边，但他们一直关注着父亲唱戏，他们说如果父亲是在唱戏就说明父亲的身体好，他们也就不操心了。

王进法：皮影戏给了我健康的身体，这不是十万八万或更多的钱能买来的。我现在视力好，还能经常开车，听力也好，我们出去演出，我一下子就能听出哪个弦拉错了。徒弟就说，我一看他，他就吓得不敢拉了。我记忆力也好，不怕排新戏，排了新戏我照样能把戏词很快记住。

王进法总结自己，无愧于国家，无愧于党和群众，也无愧于父母和子女。他接下来的任务就是把皮影戏传承好，不能让这个技艺失传了。

## 技艺展示

同朝皮影戏的碗碗腔唱腔清丽典雅，委婉细腻，声律、格律及韵律都很有讲究，演唱时真假声结合并用。民间还流传着这样一句话：一清（曲子戏）、二簧（汉调二簧）、三秦腔，细腻不过碗碗腔。同朝皮影戏既具有高雅的宫廷韵味，又具有平民色彩，是我国戏曲史上具有代表性的雅俗共赏的地方戏曲艺术。

同朝皮影戏《桃园借水》欣赏

## 技艺教学

### 同朝皮影戏唱腔教学

同朝皮影戏的音乐具有细腻婉转的特点，其唱腔悦耳动听。小生、小旦、青衣等行当唱腔真假声结合，吐字时以真声居多，拖腔时以假声居多，而且有独特的发声与润腔方法；老生、老旦、顺生、丑角等行当则几乎全用真声；花脸以净音（喉音）为主，而唱腔多用花音。皮影戏唱白由男性独自承担。

同朝皮影戏唱腔教学

贰拾肆

# 指尖灵动，传承『线戏』

# 合阳提线木偶戏·雷艺军

我那个时候演出多，辛苦得很，演出经常在外面，到哪个村子演戏至少都是五场戏，三个晚上两个白天。这里演完转到那里，连夜转点。记得有一次转点从合阳到澄城县，是正月十三，下着雪，土路下了雪成了泥路，我穿着雨鞋，等到了澄城县，脚冻得都撑不住了，麻木了……

——雷艺军

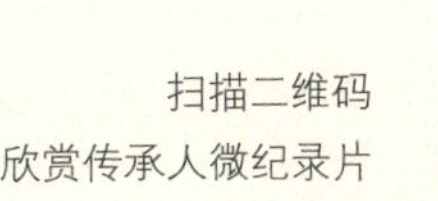

扫描二维码
欣赏传承人微纪录片

合阳提线木偶戏《金婉钗·坟茔》



## 项目背景

### 合阳提线木偶戏

合阳提线木偶戏俗称“线戏”“线胡”“小戏”或“线腔戏”，它的音乐、唱腔、脸谱、偶人制作均独具一格。其起源时间无确切的文献资料，据传“始于汉而兴于唐，盛于明清”。据1961年陕西省剧目工作室调研，清光绪年间合阳就有72家线戏班社，且流传到相邻的澄城、大荔以及山西的芮城等地。1952年，合阳县成立了“晨光线剧社”（今合阳提线木偶剧团）。

合阳提线木偶戏有自己的一套脸谱，偶头制作工艺与剧种的发展同步。过去偶头制作者不在戏班内，戏班艺人“农闲演戏，农忙种地”，农忙时定做新偶头，并将原有偶头送去重新上彩，称为“粉头头”，此种方式延续至今。

木偶的操作杆有三根，主杆置于偶人后背中部，掌握身体的前后仰俯；侧杆两根，分置于两臂，掌握两臂及手的动态。艺人表演时，以左手中指、无名指及小指掌主杆，操作木偶人的躯干；以拇指、食指捻动左侧杆作偶人左臂；右手掌右侧杆，操作偶人右手。如果一位艺人同时操作两个木偶，则一手掌一偶人，拇指和食指兼顾左右手动作，艺人有熟练的技巧方能胜任。木偶人的头部以泥土雕塑，干后彩绘成生、净、丑、旦等各类角色，颈部用铁丝与偶身相连，偶人躯干、四肢以木刻制，偶头和偶身可以相互搭配，表现不同的角色。木偶表演动作丰富，尤其手的动态，可细腻地表演出人物的各种情态，能表演开合扇子、撑伞、拿书、写字、斟酒、 烧香点烛、射箭、舞剑等。

合阳提线木偶戏有自己专用的声腔——线腔，线腔源于民间的劝善调，在悠久的历史中，经过艺人不断地精心雕琢，吸收了同州梆子、碗碗腔以及蒲剧的某些成分，逐渐形成了激越奔放的艺术风格。

2006 年，经中华人民共和国国务院批准，合阳提线木偶戏被列入第一批国家级非物质文化遗产名录。

2012 年，雷艺军入选为陕西省第三批非物质文化遗产项目合阳提线木偶戏代表性传承人。

## 艺术人生

### 线腔的乐曲总是萦绕在心上

几千年来，祖先们创造了杖头木偶、提线木偶和布袋偶，以其巧妙的表演手法让高台教化在艺术的载体上久久传承。在艺术形式不断发展的今天，木偶戏也许没有了多少观众和市场，但雷艺军仍旧坚持不懈地守护着自己倾注了毕生心血的传统技艺，这种守护虽没让生活富足，但他始终无怨无悔。

雷艺军的父亲从小就参加了陕西韩城的线腔艺训班，后来进入了合阳秦腔剧团。从雷艺军记事的时候起，家里就一直响着鼓板和线腔音乐的声音。邻村郭家坡有个线戏班社，无论这个班社是来到他们村里演出还是在旁边的村子演出，雷艺军总要和小伙伴们去看，哪怕很多剧目已经看了很多遍，甚至能哼出剧里的唱词，但他仍然会兴致满满地去看。他觉得线腔戏真是神奇，看起来错综复杂的线绳吊着一个个活灵活现的木偶，随着艺人手指像织女织缎般上下舞动，生动地呈现出了生、旦、净、丑的人间百态。那时候，雷艺军常常和小伙伴们用纸折成小人，用细线吊着，在村头的场院里呜呜哇哇地打斗着。

有一次，雷艺军的叔父对雷艺军的父亲说："看来艺军也是通线腔戏这个窍道的，干脆早早让他学吧。"父亲接受了这个建议，很快就给雷艺军找了一位师父，师父叫冯贵生，他的家族世代都是乐人，他拉板胡、吹唢呐，方圆几十里无人可比。

雷艺军：师父对我要求很严格，让我吃住都在他家里，我每天天不亮就得起床练功，拎着一个小板凳，在野地里拉皮弦胡，直到夜幕降临才能回去。

师父为了让雷艺军掌握更多的技能，还专门从外面请了打击乐老师给他教授打击乐的技艺。师父对雷艺军的培养和训练让他在从艺的道路上受益匪浅。

雷艺军(前排中间)演出照

## 传承皮弦胡的独特技艺

提线木偶戏是合阳县独具特色的剧种，合阳人常说“不吃踅面不看线（线腔戏），不算到过合阳县”。合阳提线木偶戏里的灵魂乐器皮弦胡在全国是独一无二的，皮弦胡低沉哀怨的声音一响起，就拨动着合阳人内心深处的弦。合阳提线木偶戏的专用声腔叫线腔，也叫线胡腔，在全国也是独一无二的，它的特色是既激越奔放，又慷慨悲壮，字字声声多用哭音拖腔，淋漓尽致地表达出人们内心压抑、愤懑、悲伤等仿佛会撕裂心肺的情感。如果没有皮弦胡，就表现不出线腔的特色。

民俗研究专家史耀增：皮弦胡跟其他胡琴不一样。它的琴柱比较短；它的琴壳原来是用桐木做成的，发出的声音更浑厚，现在改用槟榔壳；它的琴弓是在一寸多宽的竹条上面粘着马尾制成的，艺人拉的时候必须戴着铁指帽，不然就按不动。

尽管乐器简单，也不高档，但演奏却非易事。雷艺军有一位皮弦胡师父是盲人，师父学艺完全靠自己听，凭自己摸索。雷艺军跟师父学皮弦胡

雷艺军的皮弦胡都是自己制作的

也只能靠自己去听、去模仿，没有乐谱，只能苦练、死记硬背。

将近十年的时间，雷艺军就是靠几位师父口口相传的教授方法，熟练地掌握了皮弦胡的演奏技巧。

演奏皮弦胡时须戴铁指帽，凭手上的虎口按压琴弦，长时间演奏的艺人由于总是保持一个动作，会导致虎口疼痛，容易得腱鞘炎。从 20 世纪 90 年代中期起，雷艺军就有了腱鞘炎的症状，每次演奏时虎口都会剧烈疼痛，演出一场，他就会满头大汗，后来，他不得不放下自己心爱的皮弦胡，而致力于教导徒弟。

由于皮弦胡没有专门的培训学校，加上学习难度很大，愿意学习这种技艺的年轻人极少。为了不使这门民间技艺在自己手上失传，雷艺军在物色徒弟方面花费了大量时间，在教导徒弟上更是倾注了自己的全部精力。2012 年，雷艺军被评为合阳提线木偶戏省级传承人，他觉得责任大了，担子重了，但他的信心却更足了。

**默默坚守**

几十年间，精绝的皮弦胡演奏技艺没能让雷艺军的生活有太大的改善，他总是在艰难中守护着自己的执着。

雷艺军：我 1988 年进入合阳提线木偶剧团，专攻皮弦胡，一个月拿 18 元的生活补助，等到了 2006 年才拿 206 元。那个时候剧团不景气，戏也少，经常没有演出，工资也发不下来。2003 年、2004 年剧团到旅游景点演出，放录音不带乐队，我们搞乐队的就闲在家里，一个月就 200 元，恓惶得很。多亏我媳妇，她是演员，能多挣些钱，生活还能维持。

雷艺军面临过买房借钱的窘迫、遭遇车祸筹不齐手术费用的无奈，在异常困苦的情况下，他也曾有过放弃演奏皮弦胡另谋出路的想法，但一听到皮弦胡悲凉激越的声音，他又果断打消了这个念头，告诫自己要坚持，因为他太爱皮弦胡了。

合阳提线木偶剧团团长王红民：雷艺军从小就拉皮弦胡。从 1952 年到现在，他应该算是皮弦胡的第三代传承人，他的演奏技巧在我们这个行业里首屈一指。

2006 年，合阳提线木偶戏被列入首批国家级非物质文化遗产名录，在各级政府的重视和支持下，剧团的演出场次增加，职工福利也有了提高，大家都对合阳提线木偶戏的未来充满了信心。

黄河从合阳县的东边向南流去，伴随着黄河日夜不息的涛声，线腔的苍凉激奋总是叩击着雷艺军的胸腔，让这个坚定的渭北汉子不懈地弹拨着一生挚爱的皮弦胡。

## 技艺展示

合阳提线木偶戏历史悠久，源远流长。其木偶造型美观大方，酷似唐俑；其唱腔悲怆苍凉而不失激情，委婉细腻而不失刚烈，颇具秦人秦地的风韵和特点。合阳提线木偶戏演出时还有独特的乐器——铮子、马锣、皮弦胡伴奏，音乐婉转动听，煞是迷人。

合阳提线木偶戏《百宝箱》欣赏

## 技艺教学

### 皮弦胡演奏基础教学

皮弦胡也叫线胡，因弦丝由羊皮制成，故名皮弦胡，是合阳提线木偶戏独有的伴奏乐器，一般由老艺人亲手制作。其作用与秦腔中的板胡类似，是主奏乐器，用于领弦。皮弦胡演奏讲究“一字一弓”，皮弦胡的音量大，音色清脆、嘹亮，尤其适于表现高亢、激昂、热烈和火爆的情绪。

皮弦胡演奏基础教学

贰拾伍

# 安康花鼓子·李龙茂

## 初心不改，唱响安康花鼓子

虽然已经没有多少人唱花鼓子了，但我还是想把这个地方小剧种搬上大舞台，让更多的人了解、喜欢花鼓子。

——李龙茂

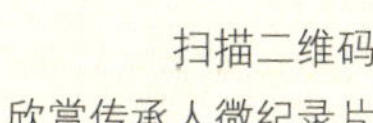

扫描二维码
欣赏传承人微纪录片

李龙茂表演安康花鼓子



## 项目背景

**安康花鼓子**

安康花鼓子最早是由“打围鼓”发展而来，又融合各种民歌小调，至清朝中期，才最终定型，广泛流传于陕西省安康市各区县，尤以汉滨区花鼓子最具代表性。

安康花鼓子以鼓为器，以花为调，调子俗称“花子”，打花子即为花鼓子。安康花鼓子是安康民歌中最常见、流传面最广、普及率最高的一种口头歌，在农夫耕作、农妇针织、红白喜事、节日庆典等场合都有花鼓子演唱。

安康花鼓子分为上河调和下河调，即以汉滨区为界，汉滨区以上为上河调，以下为下河调。上河调与下河调在结构上是统一的，锣鼓点大同小异。上河调的音程跳跃较大，因此显得活泼、高亢、嘹亮；下河调反之，平稳、柔和、细腻。

安康花鼓子根植于广大人民群众之中，记录了安康人民的劳动生活历史，形象地反映了安康人民乐观热情的生活态度，有广泛的生存基础。

2009 年，经陕西省人民政府批准，安康花鼓子被列入陕西省第二批非物质文化遗产名录。

2010 年，李龙茂入选为陕西省第二批非物质文化遗产项目安康花鼓子代表性传承人。

## 艺术人生

### 因为热爱，所以坚守

花鼓子在安康农村地区广为流传，李龙茂所在的村子里，几乎每个人都能随口唱上几句。渐渐地，李龙茂也迷上了这种具有安康地方特色的民间音乐。

李龙茂：群众喜欢花鼓子，不仅仅是因为它诙谐幽默，更重要的是它表现的内容与群众的生活息息相关，通俗易懂，不仅安康人听得懂，外地人也听得懂。

李龙茂十几岁时跟着村里的一位老艺人学唱花鼓子，并拜他为师。师父是唱皮影戏的，李龙茂则常常是师父"亮子"底下最前面的看客。"亮子"上面映出的各种各样的戏剧人物他都不认识，他喜欢的是那些皮影人物的打打杀杀，还有艺人们如泣如诉的唱腔。看戏看得多了，李龙茂偶尔也会摸摸师父的锣鼓家伙，倒也有几分在行。

李龙茂：师父看我机灵，会敲鼓，觉得我有灵性，就叫我跟他学唱戏。他每次都说："茂子，走，看戏去，去吃喝。"我就跟着他去了。

师父在外面唱戏没多少收入，也就是能混口饱饭，李龙茂跟着师父装装卸卸的，也能有口饭吃。有一次他跟着师父去十里以外的地方演出，看

李龙茂闲来无事总喜欢在家门口亮亮嗓子

得瞌睡了，就钻进麦秸堆里睡着了，一晚上没回家的他把父母急坏了，第二天父母找到他后就不让他去学戏了。

对花鼓子的热爱使李龙茂没有放弃自己学戏的愿望，直到有一天，当他给父母表演花鼓子时把他们逗乐了，父母才接受了让他从事唱戏这个行当。

李龙茂：那时候唱花鼓子挣不了钱，我是利用唱皮影戏来养活自己的。平时遇到别人家的红白喜事，需要唱花鼓子的，我都会去帮忙唱。

李龙茂经常在自己家里现编词现唱，干农活儿时也会在地里唱，长期唱花鼓子使文化程度并不高的李龙茂积累了一定的艺术修养。1972 年冬季，当地的民兵团要组织文艺会演，李龙茂被选拔在一出《送寒衣》的汉剧中扮演指导员，由于有唱花鼓子的基础，他首次登台演大戏就获得了成功，得到了大家的赞扬。

**注重创作，把花鼓子搬上舞台**

安康花鼓子最早是农家宅院、田间地头的一种民俗文化形式，但在李龙茂的手上有了新的变化。

2007 年，李龙茂在罗家坝组织了一个花鼓子锣鼓队，专门到各处演出，承接老百姓家的红白喜事。他们将花鼓子原先由单一演员演出的形式扩展到由多名演员共同演出，甚至变成了有舞台的演出形式，李龙茂还着力创作了一批全新的花鼓子剧目，受到老百姓的欢迎。

2008 年，李龙茂创作了花鼓子剧目《复查路上》，反映的是有关计划生育的故事，这部剧参加了当年安康市非物质文化遗产展演，荣获了一等奖。

李龙茂：必须要创作，你也唱那首歌，他也唱那首歌，几辈人都唱，时间长了就没人听了，新创作的剧更接地气，更受欢迎。

李龙茂不仅在从事花鼓子演出的几十年里博采众长，虚心学习师父们的表演长处，还在平常的劳动和生活中进行实践，他善于把人们生活中的细节经过提炼后搬上舞台，增强了艺术效果。

安康花鼓子被列入陕西省非物质文化遗产名录

李龙茂：我们安康汉剧团有个演丑角的一级演员叫顾明，他看过我的表演，说我虽然没有经过专业培训，但表演的许多动作都很有特点。其实我的很多动作是从皮影戏中学来的，还有的是看别的戏剧表演学来的。我把生活中的动作戏剧化、丑角化，就能受到群众欢迎了。

李龙茂创作花鼓子剧目

李龙茂组织的花鼓子锣鼓队表演了大量紧跟时代步伐、传播正能量的花鼓子剧目。他精心创作的反映扫黑除恶、党的农村政策等的剧目都好评如潮。

李龙茂在后台化妆，准备上台

李龙茂：花鼓子在安康绝对不会失传，乔迁之喜、新婚大喜、老人小孩的生辰喜等场合都需要花鼓子助兴。我是安康花鼓子的省级传承人，虽然已经年过七十，但我还有充沛的精力把它传承下去。

## 技艺展示

安康花鼓子以鼓为器，以花为调，主要分为两种形式：一种是跑场花鼓子，以锣鼓伴奏，艺人演唱；另一种是坐唱形式，艺人不表演，以演唱为主。

《程咬金下山接母》以《隋唐演义》中程咬金接母尽孝的故事为蓝本，通过安康花鼓子的演唱，创编新词，褒奖奉承。

安康花鼓子《程咬金下山接母》欣赏

## 技艺教学

### 三板花鼓子教学

安康花鼓子没有曲牌，唱词大部分只有四句。四句一段，三句一小节。三板花鼓子的旋律优美婉转，曲调活泼，唱词极具安康地方特色，方言味道浓郁，是安康原生态民间音乐的完整表现。

三板花鼓子教学

# 后记

我年轻时也做过文学梦，但直到多年后从事非物质文化遗产记录、保护和传播工作，见到各地的非遗项目代表性传承人时，这个梦才有了轮廓和血肉。但当我真正提起笔来，却觉得如椽沉重，唯恐有失，因为非物质文化遗产这个题目太大了。

初识非遗是一个极其偶然的机会。2011 年，我与陕西省旅游局合作打造了一档视频点播节目《旅游搜视》，定位为宣传美丽陕西的窗口，为观众提供丰富实用的旅游资讯，展示、宣传陕西文化旅游资源。在制作节目的过程中，我初次接触到了非物质文化遗产，也了解了许多陕西非遗传承人的感人故事，从此便和非遗结下了不解之缘。

2017 年，我在北京从事其他工作期间，心里还会不时地想起陕西非遗的事情，挂念着那些熟悉的非遗传承人。我当时在北京也多少了解了一些全国其他地方的非遗情况，觉得陕西作为非遗大省，资源丰厚，做非遗传承方面的事业将大有可为。于是，2018 年我便毅然回到陕西，重新组建团队，将镜头聚焦到陕西的非遗项目和传承人。这几年，我们团队走访了全省 10 个地市近百个区县，与数百位非遗传承人，如秦腔传承人李爱琴、马友仙、马蓝鱼、康少易、卫赞成，凤翔泥塑传承人胡深、胡新明，凤翔木版年画传承人邰立平，澄城尧头窑陶瓷烧制技艺传承人周铁怀，凤翔豆花泡馍制作技艺传承人董连绪，西安鼓乐传承人何忠信等面对面交谈，详细了解他们的技艺传承和生活状况。逢年过节，我们团队也会专程去拜访这些非遗传承人，给他们送去节日的祝福。在这个过程中，我们时常会被传承人的精神世界所感染和打动。2019 年春节，我们团队和文化界的一些老领导一起去慰问澄城尧头窑陶瓷烧制技艺传承人周铁怀，看到他仍住在 20 世纪 80 年代盖的平房里，夫妻残疾，家境贫寒，但仍然坚守着祖上留下的传统技艺，不离不弃，无怨无悔，这让我们深受感动。泥塑大师胡新明逢人就讲党和政府对自己的帮助和扶持，讲怎样才能带领全村人共同致富，唯独不愿讲自己的功劳。让人尊敬的传承人不胜枚举，看到他们当下的生存环境和发展现状，我很是担忧。

目前，陕西省共有 4 个非遗项目入选联合国教科文组织《人类非物质文化遗产代表作名录》，国家级非遗项目 87 个，省级非遗项目 674 个，市级非遗项目 1998 个，区县级非遗项目 5249 个；国家级代表性传承人 78 位，省级代表性传承人 572 位，市级代表性传承人 1700 余位，区县级代表性传承人 5000 余位。陕西拥有庞大的非遗资源，非遗保护工作任重道远。非遗传承人大多生活在乡村和偏远地区，他们中的大多数年纪大、身体差、文化程度低、家境贫寒，还有很多传承人因各种原因无奈中途放弃了自己热爱的非遗技艺。2018 年开始，我们团队策划拍摄百集陕西非遗微纪录片《匠人故事》《丝路匠心》，每集 6~10 分钟，目前已经全部拍摄制作完成。同年，我又策划并创办陕西省非物质文化遗产网，为宣传、推广非遗搭建了一个融媒数字平台，通过文字、图片、音频、视频等多种形式宣传陕西省非遗项目和传承人。我们还在此平台的基础上利用VR（虚拟现实）技术、720°全景技术打造了陕西省非物质文化遗产数字博物馆，将省、市、县（区）线下非遗陈列馆“搬”到线上，形式更鲜活，内容更丰富。同时，我们还推出了全国首家“非遗+全景+电商”的融合平台，观众在浏览线上非遗展馆的过程中如果点击非遗展品热点，即可跳转到购买界面，形成24小时非遗展品线上销售平台，为非遗传承人打开了直面消费者的窗口。



2019年，我又筹措资金对陕西省非物质文化遗产网进行了升级，升级后的平台结构更合理、内容更丰富、速度更快捷，分为“非遗映像”“云赏非遗”“薪火相传”“全域非遗”“非遗智库”“非遗好物”六大版块，真正成为我省首个创新实现陕西非物质文化遗产资源宣传、共享、交易的综合数字智慧平台。目前网站已建设了32个全景线上非遗展示陈列馆，在全国同类非遗网站平台中处于领先的地位。2020年疫情期间，我们的非遗网站为观众提供了丰富的精神食粮，点击率颇高，成为百姓足不出户就能了解陕西非遗展馆的通畅渠道和途径。同年，由我们团队主导、策划并申报的“搭建陕西省非物质文化遗产展示、传播、交易、服务产业平台”项目经陕西省文化和旅游厅上报，陕西省委宣传部组织专家严格评选后，最终入选陕西省委宣传部2020年省级文化产业发展项目。目前，陕西省非物质文化遗产网已逐步成为陕西省“智慧文旅”的重要组成部分。

现在，每天都有来自全国各地的电话咨询非遗讯息和研学情况，也有清华、北大的社团来到我们公司实地考察、交流。看到很多人从这个平台上获得了他们需要的内容，我也得到了些许安慰。

从2017年参与国家文化和旅游部关于国家级非物质文化遗产代表性传承人抢救性记录工程以来，我深深地感受到以非遗传承人为核心的抢救性记录工作的重要性和紧迫性。面对易逝的年华，我们唯一能做的就是与时间赛跑，抢救、保护、记录我们珍贵的文化遗产，这其中的点点滴滴，令人难忘。剪纸艺术大师、民间工艺美术大师、国家级非物质文化遗产项目延川剪纸代表性传承人高凤莲因病于2017年1月20日在延安逝世，距离我们刚刚录制拍摄完《匠人故事·高凤莲》仅一月有余。2019年10月，省级非遗项目长武庙宇泥塑礼仪记录工程启动后半年多时间，传承人张俊英老人便因病离世，但值得慰勉的是，我们在老人去世前已经完成了全部采录工作，给张俊英老人和他的家人以及这项民间技艺留下了永恒传世的影像记录。2020年年初，新冠肺炎疫情暴发，我得知西安鼓乐传承人何忠信得了较为严重的病，心里十分难受。西安鼓乐是陕西省唯一独立申报并入选联合国教科文组织《人类非物质文化遗产代表作名录》的非遗项目，而何忠信是比较年轻且技术很全面的国家级传承人，他带领的鼓乐社也极具代表性。但他的年龄不到70岁，没有达到国家级非遗传承人抢救性记录工程的记录标准，我决定抢先一步进行抢救性记录。疫情稳定后，我立即安排团队按照国家相关标准对何忠信进行全面的数字化抢救性记录。何老师不顾有恙在身，不畏严寒，积极地配合我们进行繁杂的拍摄，组织乐社几十人不间断地排练，使我们成功地完成了西安鼓乐四个套曲的拍摄录制。何老师告诉我们，他的身体不重要，把世界级的珍贵遗产留下来传给后人，不让它失传了比什么都重要。经过两个多月的努力，我先后筹措近30万元，终于完成了前期采访和全部录制工作，我一直悬着的那颗心也终于放下了。2021年5月27日早晨7点多，我们驱车前往韩城采访韩城行鼓传承人程勤祥，在高速路上却接到了程老师已于前一日病逝的噩耗。一切来得太突然，我们整个团队在车里不知所措，深感悲伤与懊悔。回想前几天我们才刚刚与程老师确定了拍摄大纲和拍摄时间，如今却阴阳相隔，这一次我们败给了时间，留下了遗憾。

在做非遗的这几年里，总会有朋友这样问我：你们是民营企业，企业追求的是效益最大化，做非遗都是花钱的事情，企业能有多大的效益？面对朋友，我难以回答，只能说是举步维艰，顽强坚守，资金的捉襟见肘是常有的事。我的儿子在国外读书，心里却常常挂念着我，因为时差的缘故，加上我整天忙碌，我们通话的机会少之又少。有一次，儿子得知我住院了，非常着急："妈妈，你可千万要保重身体，这样我在学校才能安心学习。"我如鲠在喉，为了让儿子放心，我硬是把眼泪憋了回去。儿子最后嘱咐我："妈妈，你不要那么累，我不反对你做非遗的事情，如果太艰难，就把北京的房子卖掉，身体最要紧。"这次我的眼泪再也忍不住了，哗哗地流了下来。2019 年 4 月，我们团队接到了陕西省文化馆交来的 6 个秦腔国家级传承人的记录工程，要求 9 个月内完成任务，时间紧迫，我也跟着跑前跑后，因为过度劳累不小心感冒，没有顾得上吃药，越拖越严重，后来咳嗽不止，气都喘不上来。有一天，我跟陕西省非遗保护中心副主任修建桥和非遗专家李红军老师一起去宝鸡文化馆出差，我在车上咳嗽不止，最后竟咳出了血。李老师看到后又惊又急，当时我也感到了害怕，出差回来就直接住进了医院，最后被诊断为肺炎，住院半月之久才痊愈。这么多年来，我一直想着多为陕西非遗做些事情，为此吃了不少苦，也受了不少难。四年中我卖掉了两套房子和北京、西安的两处车位，才维持了公司的生存和平台的运转及更新。我们团队近 20 名员工个个都有着深厚的非遗情怀，看到他们的敬业和执着，我没有理由却步。

近年来，我看到互联网、短视频发展迅猛，于是同步在抖音等平台开设了“陕西非遗传承”新媒体矩阵，上传非遗类短视频上百部，策划运作多场非遗传承人及公共文化内容直播活动，目的在于创立更多的平台为陕西非遗和传承人发声、代言。截至目前，我们已有粉丝 5 万多人，视频播放量近 1000 万次，视频点赞量 50 多万次。

一个家庭不能没有相册，一个国家不能没有纪录，一个民族不能没有传承。《一人，一技，一生：三秦非遗守艺人》丛书包含 600 多张反映陕西非遗及传承人现状的高清纪实图片，100 多个关于技艺与记忆的视频，为大家讲述陕西非遗传承的精彩故事。我希望这套书能够把陕西非遗传承人执着坚守的精神传递给读者，让更多人在聆听跨越古今的传承故事中，感受传统文化的魅力与社会价值。

在这里，感谢领导、专家、学者对我们的关注和指导，感谢广大非遗传承人对我和我们团队工作上的支持和帮助，感谢我的团队里的每位成员的付出和努力，感谢我的家人的理解和全力支持，感谢陕西人民教育出版社的领导和编辑对陕西非遗的热心和对此书的倾力付出！

华　洁

2021 年 9 月于西安